U0935747

中国工程院院士

是国家设立的工程科学技术方面的最高学术称号，为终身荣誉

中国工程院院士传记

实干环保 魏复盛传

魏复盛传记编写组 编著

中国环境出版集团·北京

图书在版编目（CIP）数据

实干环保：魏复盛传/魏复盛传记编写组编著．—北京：中国环境出版集团，2024.4

（中国工程院院士传记系列丛书）

ISBN 978-7-5111-5419-4

Ⅰ．①实… Ⅱ．①魏… Ⅲ．①魏复盛—传记 Ⅳ．①K826.16

中国版本图书馆 CIP 数据核字（2022）第 248386 号

出 版 人 武德凯
责任编辑 邵 葵
封面设计 彭 杉

出版发行 中国环境出版集团
（100062 北京市东城区广渠门内大街 16 号）
网 址：http://www.cesp.com.cn
电子邮箱：bjgl@cesp.com.cn
联系电话：010-67112765（编辑管理部）
发行热线：010-67125803，010-67113405（传真）

印 刷 北京鑫益晖印刷有限公司
经 销 各地新华书店
版 次 2024 年 4 月第 1 版
印 次 2024 年 4 月第 1 次印刷
开 本 787×1092 1/16
印 张 18.5
字 数 400 千字
定 价 158.00 元

中国工程院院士魏复盛

1999年，在办公室查阅资料

2005年，在北京参加第十届全国人民代表大会选举投票

2005年，在新疆考察

2006 年，在三峡库区调研

2007 年，在研讨会上听取专家意见

2011 年，在浙江调研，考察千岛湖水质自动监测站

1997 年，美国环境保护局助理局长来访，为魏复盛（中）授奖牌，以表彰他在环境污染防控方面的贡献

2015 年，中国科技大学侯建国校长聘请魏复盛（左）担任环境科学与光电技术学院院长

2010 年，魏复盛（右二）获光华工程科技奖

2017 年，魏复盛（中）获环境化学终身成就奖

2013 年，魏复盛（右）在湖南长沙与袁隆平院士探讨土壤重金属对作物影响问题

2019 年，在祝贺曲格平从事环保 50 周年学术研讨会上，魏复盛（左）与曲老合影

2020 年，魏复盛夫妇与王桥院士（左一）和白照广总师（右一）在海南文昌航天发射基地

2005 年，魏复盛出席中国环境科学学会学术年会与部分嘉宾合影
（左起：任官平、王玉庆、阿布来提·阿布都热西提、周光召、解振华、刘昌明、魏复盛）

2015 年，魏复盛（前排左一）参加京津冀协同发展专家咨询委员会第 28 次会议

2005 年，魏复盛夫妇（中）与学生们一起共度教师节

全家福
（前排：妻子蒋德珍、孙女魏青韵、魏复盛，后排：儿子魏东、儿媳林峥）

中国工程院院士传记系列丛书

总　序

20 世纪是中华民族千载难逢的伟大时代。千百万先烈前贤用鲜血和生命争得了百年巨变、民族复兴，推翻了帝制，击败了外侮，建立了新中国，使其独立于世界，赢得了尊严，不再受辱。改革开放，经济腾飞，科教兴国，生产力大发展，我们告别了饥寒，实现了小康。工业化雷鸣电掣，现代化指日可待。巨潮洪流，不容阻抑。

忆百年前之清末，从慈禧太后到满朝文武开始感到科学技术的重要，办“洋务”、派留学、改教育，但时机瞬逝，清廷被辛亥革命推翻。五四运动，民情激昂，吁求“德”“赛”升堂，民主治国，科教兴邦。接踵而来的，是 18 年内战、8 年抗日战争和 3 年解放战争。恃科学救国的青年学子，负笈留学或寒窗苦读，多数未遇机会，辜负了碧血丹心。

1928 年 6 月 9 日，蔡元培主持建立了中国第一个国立综合性科研机构——中央研究院，设理化实业研究所、地质研究所、社会科学研究所和观象台 4 个研究机构，标志着国家建制科研机构的开始。20 年后，1948 年 3 月 26 日，遴选出的 81 位院士(理工 53 位，人文 28 位)，几乎都是 20 世纪初留学海外、卓有成就的科学家。

中国科技事业的大发展是在新中国成立以后。1949 年 11 月 1 日成立了中国科学院，郭沫若任院长。1950—1960 年有 2 500 多名留学海外的科学家、工程师回到祖国，成为大规模发展科技事业的第一批领导骨干。国家按计划向苏联、东欧各国派遣 1.8 万名各类科技人员留学，他们学成后全都按期回国，成为建立科研和现代工业的骨干力量。高等学校从新中国成立初期的 200 所增加到 600 多所，年招生数量增至 28 万人。到 21 世纪初，普通高等学校有 2 263 所，年招生数量 600 多万人，科技人力总资源量超过 5 000 万人，具有大学本科以上学历的科技人才达 1 600 万人，已接近最发达国家水平。

新中国成立 70 多年来，从一穷二白成长为科技大国。年产钢铁从 1949 年的 15 万吨增加到 2011 年的粗钢 6.8 亿吨、钢材 8.8 亿吨，几乎是 8 个最发达国家（G8）总年产量的两倍，20 世纪 50 年代钢铁超英赶美的梦想终于成真。水泥年产 20 亿吨，超过全世界其他国家总产量。中国已是粮、棉、肉、蛋、水产、化肥等世界第一生产大国，保障了 13 亿人口的食品和穿衣安全。制造业、土木、水利、电力、交通、运输、电子通信、超级计算机等领域正迅速逼近世界前沿。“两弹一星”、高峡平湖、南水北调、高公高铁、航空航天等伟大工程的成功实施，无可争议地表明了中国科技事业的进步。

党的十一届三中全会以后，改革开放，全国工作转向以经济建设为中心，加速实现工业化是当务之急。大规模社会性基础设施建设、大科学工程、国防工程等是工业化社会的命脉，是数十年、上百年才能完成的任务。中国科学院张光斗、王大珩、师昌绪、张维、侯祥麟、罗沛霖等学部委员（院士）认为，为了顺利完成中华民族这项历史性任务，必须提高工程科学的地位，加速培养更多的工程科技人才。中国科学院原设的技术科学部已不能满足工程科学发展的时代需要。他们于 1992 年致书中共中央、国务院，建议建立“中国工程科学技术院”，选举那些在工程科学中做出重大贡献和取得创造性成就的，热爱祖国、学风正派的科学家和工程师为院士，授予终身荣誉，赋予科研和建设任务，指导学科发展，培养人才，对国家重大工程科学问题提出咨询建议。中央接受了他们的建议，于 1993 年决定建立中国工程院，聘请 30 名中国科学院院士，并遴选出 66 名院士共 96 名为中国工程院首批院士。1994 年 6 月 3 日，召开了中国工程院成立大会，选举朱光亚院士为首任院长。中国工程院成立后，全体院士紧密团结全国工程科技界同人共同奋斗，在各条战线上都发挥了重要作用，做出了新的贡献。

中国的现代科技事业比欧美落后了 200 年，虽然在 20 世纪有了巨大进步，但与发达国家相比，还有较大差距。祖国的工业化、现代化建设，任重路远，还需要有数代人的持续奋斗才能完成。况且，世界在进步，科学无止境，社会无终态。欲把中国建设成科技强国，屹立于世界，必须接续培养造就数代以千万计的优秀科学家和工程师，服膺接力，担当使命，开拓创新，更立新功。

中国工程院决定组织出版“中国工程院院士传记”丛书，以记录他们对祖国和社会的丰功伟绩，传承他们治学为人的高尚品德、开拓创新的科学精神。他们是科技战线的功臣、民族振兴的脊梁。我们相信，这套传记的出版，能为史书增添新章，成为史乘中宝贵的科学财富，俾后人传承前贤筚路蓝缕的创业勇气、魄力和为国家、人民舍身奋斗的奉献精神。这就是中国前进的路。

自　序
实干环保

人生回顾，知恩感恩

年轻时，人们叫我小魏；中年时，大家叫我老魏；现在又称我魏老。上下楼常有同事朋友搀扶，公交车上有人让座，出差有助手陪同，我就想，我真的老了吗？

回想过去的岁月，历历在目。小时候我渴望上学读书。新中国成立，上小学、中学、大学，全靠党的教育培养，读的是翻身书，党的恩情重如泰山。大学毕业后留在中国科技大学任教。20 世纪 70 年代，我接触环境保护时，就想我是学化学的，应为国家的环境保护事业做点实事。

一转眼就已经八十有三了，深感我这一辈子是很幸运的，党的教育要我实事求是地做人、做事、做科研。中国科技大学和中国环境监测总站为我搭建了能让我发挥作用和不断成长的平台，有领导、同事和全国同行的支持与配合，能成功干成一点儿实事。1997 年我有幸当选中国工程院院士，犹如进了一所大学校。每一位院士都是一本优秀的教科书，他们的工作、报告、发言都是他们几十年做人做事的精华，都值得我细细品味和学习。奋斗在第一线的技术专家和工作者，都是我的老师，我坚信“三人行必有吾师”“处处留心皆学问”。

环境科学涉及数理化天地生，生态环境工程和技术与农工商学密不可分，还与社会科学、工程管理息息相关。个人深感知识不够用，有很多事情不懂，还是一名小学生。生态环境监测既是一门科学，又是一项重大的工程，涉及许多业务单位和成千上万的专业人员。单凭个人的能力，单打独斗是干不成事业的，一定要团结大家，一起努力奋斗才能成功。一定要虚心学习，终生不停，活到老、学到老。

做的几件实事

1. 环境监测分析方法研究。我从 20 世纪 70 年代开始，进行了多种元素监测分析方法研究，为以后的工作打下了一个较好的基础。调入中国环境监测总站后，我负责组织全国环境监测技术专家构建了国家水质、空气、固废、土壤统一而实用的监测方法体系与技术规范，建立了环境监测质量保证与质量控制体系，提高了全国监测数据的准确性与可比性，为国家重要的环境决策提供了科学支撑。根据国家的需求，不断开拓和完善环境监测方法，推动监测方法的标准化，一干就是五十年，从未停步。

2. 有幸参加并承担了一些重要环境问题的国情调研攻关。例如，承担 1985—1987 年全国酸雨污染特征与分布调查。该研究建立了全国降水布点、采样、样品保存、分析测试、数据分析评估的标准。其研究结果表明，我国降水污染以煤烟型/硫酸盐污染为主（与美国和日本的情况不同），发现在长江、淮河以南，青藏高原以东的西南（重庆、贵阳）、华南、华东地区存在较严重的酸雨污染，约占国土面积的 1/3，否定了全国都有酸雨的推论。为后来国家作出的两控区（酸雨控制区在南方，二氧化硫控制区在北方）决策提供了科学依据。经过 20 年的努力，我国酸雨防治取得了巨大成功，全国酸雨面积已缩减至占国土面积的 5%～6%。在项目进行过程中，与美国环境保护局合作，在云南省丽江市的云杉坪建立了全球内陆降水背景站。经过两年逢雨必测的监测，其研究成果为我国和世界降水成分科学评估提供了重要参考。

3. 全国土壤环境背景值研究。这是“七五”期间国家的重点攻关课题。我被任命为课题负责人，组织了中科院、高校的地学、环境化学、环境监测的技术专家共同开展课题研究。在研究中实行全国土壤的统一科学布点、采样、样品制备，在严格的质量控制下进行分析，获得了全国 41 个土类 4 095 个土壤样品 61 种元素的土壤环境背景值。这项研究提供了完整的稀土元素及其他稀有分散元素的背景值，填补了这些元素土壤背景值的空白；经过科学统计分析获得准确可比的全国的、不同区域、不同土类、不同土壤母质的环境背景值；出版了《土壤环境背景值数据集》，首次绘制土壤元素的背景值图集，揭示了土壤元素在全国区域的分异规律。在土壤背景值研究中还对土壤开发利用和地方病防治进行了探索性研究。“七五”时期获得的土壤背景值数据和研究中采用的方法学，为后来的全国土壤污染“十一五”调查、详查（“十三五”）提供了重要借鉴。

4. “九五”期间我承担了污染物排放总量控制关键监测技术研究。在国家、地方和企业的支持下，研究并建立了烟尘（气）二氧化硫、氮氧化物和废水排放总量、COD_{Cr}、NH_4^+-N、总磷等连续自动监测系统；引导企业引进、消化、再创造技术路线，研究相应的监测技术，为在线监测仪器国产化作出了贡献。现在全国在线使用的自动监测系统达数万套，提高了国产仪器的占有率和服务水平。

5. 关于国内有害有机物污染情况研究。20 世纪 80—90 年代，组织专家翻译了大量资料以供国内参考，涉及各环境介质优先控制的污染物。1999 年负责承担了我国重点城市、典型区域有害有机物探查及控制对策研究。在2011年承担了“我国有害化学物质监测监管现状、问题及对策研究”课题。其研究方法和成果，推动了各行业及地方对此问题的高度关注，并开展相关研究和监控工作，推动了水质、空气质量标准及土壤行业污染物排放标准的制修订，研究制订了一批污染物的采样和分析方法。建立了有机污染监测分析重点实验室，在环境中检出上千种污染物，为此还培训了一批从事有机污染物分析的技术人才。

6. 开拓环境与健康影响方面的研究。在20世纪70年代初我刚接触环境保护问题时，深感环境污染最终会对人体健康造成危害，要提高人们的环保意识，就必须开展环境污染对人体健康危害的研究。1991年，重启中美在中国四城市空气污染对儿童肺功能影响的研究，国家环境保护局任命我为合作研究课题的中方负责人。从此开启对空气中 $PM_{2.5}$、PM_{10}、SO_2、NO_x 及生活环境因素对儿童及成人呼吸系统健康影响研究。该研究成果对美国和中国制修订空气质量标准有重要的参考价值。

此后，又和美国环境保护局及国内外高校合作，在辽宁省鞍钢焦化厂开展人体多环芳烃（PAHs）暴露剂量监测与肺癌高发的评估；与美国国家癌症研究所合作在云南省宣威市、富源县开展了“以医院为基础非吸烟妇女PAHs暴露与易感基因交互影响的研究”；在辽宁省丹东市开展硼污染对男性生殖健康影响的研究等。作为生态环境部与国家卫生健康委员会的专家顾问，推动了环保与公共卫生部门在国内一些典型污染区域开展合作，在人体健康影响及评估研究上取得重要进展，这些典型地区已开展长期跟踪监测与评估研究。

7. 第十届全国人大常委会委员履职及参与重大环境问题的战略咨询。在担任第十届全国人大常委会委员期间，忠诚履职，参与了《中华人民共和国固体废物污染环境防治法》修订，提出放射性物质资源监管部门要与使用单位分离的建议，要对放射性物质进行“从摇篮到坟墓”的全程监管，以保证安全，获得广泛认可。积极参与我国加入《斯德哥尔摩公约》开展的科普宣传，以及该公约的生效对保护我国的环境及促进经济社会健康发展的积极作用的调查研究和论证。积极参与我国首次取消农业税、《反分裂国家法》等法律的论证和批准。

从 2003 年开始，积极参与并承担了多项重要环境问题的战略咨询，如三峡库区及其上游区水污染防治重大战略咨询。经过三年深入工农业生产一线调研，提出了十五条对策建议，包括工业污染、生活废水和农业面源污染要同防同治，在库区、上游区、影响区要同防同治；在库湾、回水区及支流禁止网箱养鱼；对那些能耗高、物耗高、污染重的产业要进行结构布局调整，从源头控制污染等。这些建议逐步得到落实，对保护三峡这盆清水起到了积极作用。

还有，对我国食品安全问题的预研究，后转为重大咨询项目；2011—2013 年参与全国有害化学物质监测监管现状、问题及对策研究；2014—2016 年参与全国土壤环境保护与污染防治咨询研究；2012—2015 年参与由郝吉明院士负责的“中国大气 $PM_{2.5}$ 污染防治策略与技术途径”咨询研究，以及 2014—2018 年参与由徐匡迪院士负责的“京津冀协同发展战略咨询研究”等。

自我评价

这些环保实事，在当时看起来具有开拓性、基础性，是第一手报告，一些关于环境问题的国情资料具有填补空白的作用，对环境决策和科研也有所裨益。然而，放在今天回头再看，这些工作也是例行的业务工作，只要认真做好，就会对国家发展与环境保护产生长远影响。

这些平凡的实事是几十年的坚持，和大家团结在一起，一步一个脚印地走下来的。我坚信“逆水行舟，不进则退”，并以此勉励自己，“事情不怕慢就怕站，站着不动就会落后”。虽然是平凡事，但只要持之以恒，实干到底，就会有所收获。这本传记原名为《平凡实干的环保人生》，嫌不简练，就改为《实干环保》了。

期望这本书，对读者有所启迪，能对年轻人有所帮助，希望他们在平凡的工作岗位上不断学习，求真务实，持之以恒，与同事合作，取长补短，作出有益于人民和国家的实事。

最后要感谢传记编写组的同志们，他们收集、核实历史资料，不厌其烦。多次修改，几易其稿，但可能仍有欠妥之处，万望读者批评指正。

魏复盛

2021 年 11 月

目　录

第一章　从放牛娃到中国工程院院士……………………………………1
1. 出身贫寒，酷爱学习……………………………………………………3
2. 勤劳刻苦的少年郎………………………………………………………5
3. 努力上进的高中生………………………………………………………8
4. 满怀憧憬的大学生活……………………………………………………11
5. 踏入工作岗位，经受考验和洗礼………………………………………16
6. 温馨和谐的家庭——事业有成的出发地………………………………18
7. 好人相助，终生难忘……………………………………………………22

第二章　热爱环保　不断学习……………………………………………31
1. 在工厂实践中初识环保…………………………………………………33
2. 在进修学习中加深对环保的认识………………………………………36
3. 在合肥开展环境调查研究………………………………………………39
4. 参加讲师团增加知识储备………………………………………………43
5. 多渠道学习，扩充环境保护知识………………………………………45

第三章　构建并推动环境监测分析方法体系建设………………………55
1. 从实验室建设起步，从分析方法入手…………………………………57
2. 以“水环境要素”先行，构建环境监测分析方法体系………………69
3. 构建空气和废气监测分析方法体系……………………………………82
4. 以背景值研究为起点，编制土壤环境的监测分析方法………………88

第四章　环境问题的国情调查研究………………………………………93
1. 科技攻关课题——酸雨污染调查………………………………………95

2．全国土壤环境背景值研究……105
3．污染物总量控制监测关键技术研究……116
4．我国的有机污染物“家底”……124

第五章　开拓环境污染暴露剂量监测与评价……133
1．空气污染对呼吸健康影响研究……135
2．多环芳烃暴露剂量监测与评估研究……146
3．硼污染对男性生殖健康影响研究……153
4．室内外燃烧烟煤空气污染与女性肺癌研究……163

第六章　人大履职和参与国家环境保护战略咨询……177
1．参加《固体废物污染环境防治法》修订……180
2．为削减持久性有机污染物规范管理尽职尽责……183
3．保护三峡水环境……187
4．关注环境污染对公众健康的影响……199
5．关注有害化学品监测监管……209
6．关注土壤保护与污染防治……217
7．参加战略咨询项目……232

结语　平凡而实干的环保人生……235

附录……243
附录一　魏复盛年表……245
附录二　主要论著目录及获奖情况……252
参考文献……266
编著者的话……268

第一章

从放牛娃到中国工程院院士

1. 出身贫寒，酷爱学习

1938 年末，日本大举入侵中国，东部沿海地区各大城市纷纷沦陷，半壁江山已是战火纷飞。然而，偏远的西南地区尚未受到战争侵扰。位于四川成都平原东南的简阳县，地处低山丘陵区，树木葱茏，气候温和，连绵起伏的山丘使乡村间的往来多有不便。

在地处丘坡地带，相对闭塞的踏水乡夏家村，人们依然过着日出而作、日暮而息的生活。1938 年年底，夏家村的魏家有了第三个儿子，生子固有弄璋之喜，但是在魏家这样的贫苦农户家里，也就是又多了一张嘴，以后再多一个劳动力而已。这个孩子就是魏复盛，他当时没有大名，上面有两个哥哥和两个姐姐，他排行为五。他父亲是贫苦的佃农，靠租地主的山坡地耕作，维持全家的生活。他出生后的几年里，家中又添了两个妹妹。俗话说"穷人的孩子早当家"，幼小的他，六岁就已到农田里割草、放牛，成为这个贫苦家庭里最小的劳动力，小小放牛娃。

在这个世代文盲的家庭里，他父亲因为目不识丁，不会记账也不会算账，常常会上当受骗被欺负。身为佃农的父亲只能节衣缩食，以长子为重，供大儿子一人上私塾念书识字，也就是为了记他学会记账、算账，以后不会吃亏受气，被地主老财欺负。

两千多年来，私塾在中国历史上是最重要的教学场所。读书人基本是靠私塾培养出来的。因此私塾教育是儿童启蒙教育最主要的形式，也是乡村教学最主要的形式。旧时的乡村，大多在祠堂、寺庙或民房开设私塾，请秀才或老童生任塾师，以识字启蒙为主，《三字经》《百家姓》《千字文》是启蒙教材，这些识字读物的共同特点是，句子短，句式整齐，四声清楚，平仄相对，通俗易懂，幼儿读起来朗朗上口，便于识字。

图 1.1　1987 年，魏复盛回乡与兄弟姐妹合影（后排左起魏复盛、二哥、大哥，前排左起小妹、大姐、二姐、大妹）

村中私塾堂里的朗朗读书声，深深地吸引着这个贫困家庭里天生爱读书的放牛娃，看着大哥去私塾堂上学，他非常羡慕。八岁那年，他坚决要去私塾读书识字，然而父母不同意，他就抢了大哥的书本往屋后的小山坡跑去，坐在山坡上伤心地大哭起来，为此他受到了父亲的责打。家里不是不想让他去读书，实在是无力负担读书的费用。

在偏僻的小山村里，发生的任何事都会迅速传开。很快，私塾先生知道了此事。

在中国的传统文化里，私塾先生一般既严厉又古板，经常体罚学生，理由是：教必严，不严无以对其父母，而严必打。而村里的这位私塾先生既不古板还很善良，他见魏家的放牛娃如此爱读书，就去魏家劝说让放牛娃来念书，而且免收学费。先生还为他起了大名——魏复盛。“复盛”乃复兴鼎盛之意，谆谆厚意，可见一斑。

图 1.2　魏复盛的母亲与晚辈的合影（这是老人留下的唯一一张照片）

少年魏复盛开始在私塾中接受中国延续了上千年的启蒙教育，他最初接触的课本是《三字经》《百家姓》，读的是“人之初，性本善”“赵钱孙李，周吴郑王”这样的识字课程。从此，魏家放牛娃成为读书郎魏复盛，走上漫漫求学路。

2．勤劳刻苦的少年郎

1949 年新中国成立，50 年代初国家废除私塾教育，魏复盛便转入踏水小学插班读三年级。

1950 年，中央人民政府根据新中国成立后的新情况，颁布了《中华人民共和国土地改革法》，废除了地主阶级封建剥削的土地所有制，实行农民的土地所有制。到 1952 年年底，近三亿无地或少地的农民，都分到了土地、农具、牲畜和房屋。

魏复盛家也有了自家的土地，全家十口人的吃喝生计主要依靠家中的三个主要劳动力下田耕种、打场推磨，全家人都辛勤劳作。正在上小学的魏复盛为读书能得到家里人的支持，不但争着干家中的苦活累活杂活，剁猪食、煮猪食，推磨碾米，还主动承担起了挑水的重活。为了满足全家的生活用水，他每天要从二三十米的山坡下沿着弯曲的石阶小路挑上来好几担水，一担水有三四十斤。这样日复一日，沉重的扁担压着十二岁正在长身体的魏复盛，他的个子没长起来，是家里七个兄弟姊妹中最矮的一个。每天放学后他还会去地里割些草喂兔子，从开始的两只养到了一大群，他经常背着兔子到集市上去卖，这样能换一点儿钱，买些课外书以及笔和纸。

图 1.3　1954 年，魏复盛在三星镇中学读初中

即便是这样的辛苦，也没有压垮少年魏复盛要读书学习的决心。原来在私塾里只是识字背诗词，没有学过阿拉伯数字，算术的加减乘除运算更是不会，但他没有气馁，有点空闲时间就找课外书看，还找算术题作。夏天夜晚，屋里又热又湿，蚊虫很多，他就钻进蚊帐里，点着小油灯学习。虽然又闷又热，但他想像着书中所说的古人求学时“凿壁偷光”以及“头悬梁锥刺股”的样子，也就不觉得自己有多苦了。魏复盛凭借过人的刻苦努力和聪慧，学习成绩很快就名列前茅。

小学五年级时，他觉得学习太轻松，要是能直接上初中就好了。此时，刚好三星镇的初中举办面向社会人员的考试，他就决定去试试。结果他的分数很高，远超录取线。然而学校规定不录取在校生，他只好又回去继续读小学。这个小故事让人看到了一个学习能力超强的少年，他不仅勤奋，而且聪明，满满的都是上进的正能量。

在三星镇中学念初中时，他的学习成绩很好，年年都是全年级第一名，但他从不满足。他在初中一年级时加入了少年先锋队，深受学长高际泰的影响。高际泰年长魏复盛一岁，比他高两届，就像亲哥哥一样关心着他，经常鼓励他要有远大的理想，要努力学习，将来成为有用的人才。多年后魏复盛回忆道，当时他的主要特点是上课时精力非常集中，老师课堂上讲的内容全都能记住并掌握，课后专心并快速地把作业做完，余下的时间看了很多课外书。

魏复盛 15 岁时加入了青年团①，作为学生代表去县城参加团代会。第一次看见火车和汽车，他感到很震撼，觉得火车司机真了不起，那么重的火车都拉得动，还跑得快，就暗自琢磨着初中毕业去考铁路技校，当个火车司机。

1956 年，魏复盛初中毕业，因为成绩优异，年年名列前茅，被学校保送到简阳二中读高中。然而，魏复盛的家人并不愿意，因为读高中不仅不能挣钱，还要花钱，一个月要交 6 元的伙食费，这对一个贫穷的家庭来说是不小的开支。家人希望他去读一个吃饭不用交钱的师范学校或者技工学校，这样毕业后就有工作还能挣钱，帮助家庭解决生活上的困难。

图 1.4　1953 年，魏复盛（右二）在三星镇中学读初中（左一高际泰）

① 全称“中国新民主主义青年团”，简称“青年团”，1957 年改称“中国共产主义青年团”，简称“共青团”。

然而他的初中班主任，早年毕业于黄埔军校的周成廉老师坚决不同意。周老师坚持说，困难总会有的，先上高中，再慢慢克服困难。就像当年的那位私塾先生一样，周老师爱才惜才，在魏复盛去高中报到时资助了他 5 元钱。对此，魏复盛至今都念念不忘，感激不尽，每次回四川老家时，他都要去看望周老师，感谢资助之恩。

图 1.5　2009 年，魏复盛夫妇回四川简阳探望高中老师
（左一魏复盛，左二简阳中学原校长李雯章，右二蒋德珍）

多年后，已成为中国工程院院士的魏复盛，在回顾人生之路时说，自幼酷爱学习，吃苦耐劳；人不聪明，但做事专注，信奉“笨鸟先飞”，只要勤奋努力，就有可能到达成功的彼岸。

3. 努力上进的高中生

高中三年，魏复盛坚持刻苦学习。他上课全神贯注，专心致志，课后仔细温习笔记，查疑补漏，认真写作业，把当天学到的知识巩固下来。凭借着勤奋努力，他高中时的学习成绩始终名列前茅。他同时还担任着学生会主席和团委副书记，在组织各种实践活动中锻炼了自己的组织协调能力。

在高二时，魏复盛看到刘少奇的《论共产党员的修养》一书，如获至宝。青春年少意气风发的魏复盛深受书中所讲的世界观、人生观、理想信念和做人处世道理的激励。他还常常在读书的过程中，将一些做人做事的格言抄录下来，当作座右铭，鞭策自己。

1958 年，在党的八大二次会议上通过了“鼓足干劲、力争上游、多快好省地建设社会主义”的总路线。《人民日报》发表社论，指出“钢铁工业是整个工业的基础，是整个工业的纲，是整个工业的元帅”，要其他部门“停车让路，让钢铁元帅升帐”，提出“全力保证实现钢产量翻一番，是全党全民当前最重要的任务”。随后全国上下掀起了“以钢为纲”，带动工业全面发展的工业建设的新高潮，成千上万的群众不分行业，男女老幼一齐上阵，小高炉遍地开花，钢水铁水到处奔流。

正值高三开学，魏复盛与同学们一起加入了全国“大炼钢铁”的滚滚洪流中。他们停了课来到邻近的仁寿县，与当地的农民一起热火朝天地干了起来，钻进深山老林里砍树烧木炭，下到废矿井里挖煤当燃料，将收集的铁矿石、废锅废铁当原料投入垒起的“土高炉”里。几人一组合力轮流不停地拉风箱，但炉子的温度只能烧到刚刚让铁矿石熔化然后就降了下来，温度不够，铁水夹杂着炉渣凝固住了，结果就是把“土高炉”给“冻死”了。后来魏复盛回忆道：“当时曾有同学豪迈地说，开山辟地我们来了，高山密林已被我们剃成了‘秃瓢’。现在看来真是违背科学，破坏了资源和生态环境，是一场大灾难。”

就这样蛮干了近半年，什么事都没干成，而且还有传闻说这些学生都是人才，应该留下来继续干。当时魏复盛心中十分不安，这样不学习不上课还能不能去上大学呢？将来的出路是什么呢？

峰回路转，1959 年 4 月学校接到通知，应届高中生必须马上回校复课准备高考，魏复盛心里的这块石头终于落地了。接下来的三个多月，就是夜以继日地复习功课，全力备战高考。那时候这些乡村学校的学生，对选择上哪所大学、学什么专业，一无所知，也顾及不上，报名填志愿全都由学校的教导主任和班主任包办了。

尽管酷爱读书的魏复盛面临着生活的巨大压力，他还是凭借着勤奋和坚强，刻苦复习准备迎战高考，然而命运又对他的求学志向和毅力进行了一番考验。

当年，成都市附近乡村学校的学生都要集中到市里参加高考。因为经济条件有限，这些来参加高考的学生到城里后，就会选择很便宜的地方住宿。多年后魏复盛回忆道，当时大家集中住在一个饭店的礼堂里，男生睡在水泥地上，用两本书当枕头；女生受到一点点儿照顾，睡在礼堂的舞台上，因为舞台是用木板搭的。

然而，不幸的事发生了，临到考试，魏复盛开始发高烧，考试三天，烧了三天，他咬紧牙关，握紧拳头，吃着退烧药、止痛片，坚持完成了考试。成绩出来了，他的数学和物理考得不好，只有 70 多分，语文、化学、政治和俄语考得不错，都是 90 多分。

考完试回到学校，魏复盛还在发烧。找老师看了一下，怀疑是腮腺炎引起的，老师抓了几副草药给他吃，住在学校里慢慢调理的同时等候高考的录取消息。后来魏复盛回忆道，高考时生病发烧体重掉了十多斤，他内心也很纠结，平时的学习成绩很好，因为发烧而影响了正常水平的发挥，高考成绩不理想。看到其他同学收到了录取预通知，但却没有他（后经查询，他的录取预通知没有发到学校），当时的情绪有些失落。

又过了半个多月，学校收到了他的正式录取通知，魏复盛考上中国科学技术大学（简称中国科大），被中国科大地球化学系稀有元素专业录取，从此与化学结下了不解之缘。

4．满怀憧憬的大学生活

魏复盛考上了高等学府，他要到祖国首都上大学让全家人高兴坏了，但他家的经济条件实在是太差了，他有点发愁，总不能空着手上学吧。这时他的大姐站了出来，她张罗着为他赶做了一床棉被、一件棉袄和一条棉裤。然而，从四川到北京最便宜的火车学生票还要十二元五角，但魏复盛口袋里只有大姐给的五元钱。怎么办？怀揣着人民公社开的一张证明，他去成都高考招生办公室申请补助。到了招生办，老师看了看证明信就问："你身上带了多少钱？"魏复盛说："大姐给了五元钱。"老师说："给你补助十二元五角，够买一张火车票，你自己带的这五元钱够在火车上买饭吃。到了北京，学校一切都会管的。"就这样，年轻的魏复盛满怀着对学习的渴望，对未来生活的憧憬，对家乡和亲人的眷恋，对新社会的感激，登上了开往首都北京的列车。

当时的火车从成都出发，到宝鸡站换车到西安，再换车到郑州，半夜他在郑州坐上到北京永定门火车站的火车，路上花了三天三夜的时间，才到达他向往的首都北京。到了当时位于西郊玉泉路的中国科大，接待新生的老师先给每人发了碗筷，再带他们到食堂饱餐了一顿。这真的如之前成都招生办老师所说。

图 1.6　1963 年，魏复盛（左二）与大学同学在中国科大校门口合影

这个背着行李卷、提着装了一个洗脸盆和几本书的网兜、打着赤脚、穿着粗布衣裳的青年学子走进了中国科大校门。魏复盛渐渐融入了这个神圣的学术殿堂，然而他跑步时总是光着脚。当北方同学问起时，他回答道：“一双光脚是父母给的，永远穿不坏。”虽然话说得很俏皮，但大家都知道，他舍不得穿母亲一针一线缝制的布鞋，里面饱含着艰苦和辛酸，也透露出他的执着和刚强。

刚入学时，魏复盛对大学老师的教学方法很不适应，一堂课讲了课本上的几十页内容，而且有些内容还与课本上的不一致，下课后复习不过来，有时作业也不会做。而当时城里来的那些同学却说不难，他们在高中时就学过线性代数和解析几何之类的知识。魏复盛一听就懵了，开始怀疑自己智商低，脑子笨，但凭着执着和认真，他认定“笨鸟先飞”这个道理，坚信只要不停步，不退却，就能到达胜利的终点。他静下心来摸索大学的学习方法，上课时尽量坐在离讲台近的前两排，精力集中、全神贯注跟上老师讲课的思路，作好笔记，课堂上没有听懂的下课要查看书籍，搞懂再补充到笔记中，通过作业巩固老师讲的概念、定理和定律等。魏复盛以不怕困难、勤奋钻研的学习精神，到第一学期末便闯过了大学学习的难关，学习成绩大大提升。不仅如此，每当期终考试时，他还帮助两三位同学复习功课，帮助他们顺利通过考试。魏复盛深深体会到帮助别人就是提高自己，因为自己学懂了，才能够讲出来，还要讲清楚让别人听懂，这样掌握的知识就更加牢固了。

图 1.7　1963 年，魏复盛（后排中）与简阳高中的同学在北京合影

这里简单介绍下中国科大。中国科大的诞生具有鲜明而深刻的时代背景。20 世纪 50 年代，正值以原子能、计算机、半导体、激光、航空航天、生物技术为代表的新兴科学技术的快速生长期，科技进步为人类展现出一个全新景象。然而，中国当时的科技力量和综合国力十分薄弱，难以适应国家发展和国际竞争的需要。作为全国学术科研中心的中国科学院虽拥有众多的高级科学人才，但急需补充优秀的后备力量，特别是国内新兴技术学科方面的尖端科技人才。而利用中国科学院自身优势，创办一所培养新兴、边缘、交叉学科尖端技术科技人才的新型大学，就成为科学院领导和许多科学家的共同构想。时任中国科学院党组书记、副院长张劲夫代表科学院党组向党中央、国务院呈交了请示，很快得到了中央及国家领导人的同意批复。从酝酿请示到审批筹备不过三个月的时间。

1958 年 6 月，中国科大在筹备过程中提出“苦战三年打下基础，奋战五年建设成具有先进水平的大学”的奋斗目标，确定学校的培养目标是“为国家输送具有社会主义觉悟的，既有坚实科学理论基础，又掌握最新实验技术的又红又专的科学技术人才”。1958 年 9 月 20 日，聂荣臻副总理出席中国科大成立暨开学典礼，他在讲话中指出：“在科学技术方面，必须大力培养新生力量，以满足国家建设的需要，创办一所新型的大学是十分必要的。这种大学和研究机构结合在一起，选拔优秀高中毕业生，给以比较严格的科学基本知识和技术操作训练，在三四年级时，让学生到相关研究机构中参加实际工作，迅速掌握业务知识，加快培养进度，以便在一段时期内使祖国最急需的、薄弱的、新兴的学科迅速赶上先进国家水平。”

中国科大由郭沫若出任校长，提出“全院办学，所系结合”的办学方针，即科学院有关研究所所长兼任系主任，许多声望很高的科学家在校任教。建校初期，科学院每年派到学校授课的科研人员达 300 人次。马大猷、贝时璋、严济慈、华罗庚、钱学森、吴有训、柳大纲、赵九章、赵忠尧等一批国内最有声望的科学家亲自登台授课，及时把最新科技成就和科研前沿课题传授给学生。

中国科大的开办是我国教育史和科学史上的重大事件，具有强烈的时代感，主要培养具有共产主义觉悟的尖端科学研究人才。千余名学生中 70%以上是工农和革命干部子弟，都是经过严格考核，政治品质和学业成绩优良的高中毕业生。学校实力雄厚，师资队伍阵容强大；实行新型的办学模式，注重基础课教学，吸收最新的科技成果，注重培养学生宽厚扎实的理论基础、熟练的实验技能和创新意识；最早强调宽口径培养人才，五年学制中用三年半时间讲授基础课程，高年级学生到科学院相关研究所作科研实践或撰写毕业论文，不仅保证了毕业论文的质量，而且使学生较早受到科学研究的训练，增强了他们毕业后从事科学研究工作的能力。中国科大建校第二年即被列为全国重点大学。截至 1966 年，中国科大为国家培养了 4 710 名毕业生，85%分配在科研部门和高等院校工作。在前三届毕业生中，后来当选为“两院”院士者就有 29 人，在全国高校同期毕业生中名列第一。

魏复盛是中国科大创办后入学的第二届学生。学校实力雄厚、阵容强大的师资队伍，使魏复盛在大学学习的五年时间里，接受了严格而扎实的基础理论教育、严谨的实验技能训练和创新意识的培养。他还有幸聆听了钱学森、钱三强、华罗庚、严济慈、梁树权、柳大纲等老一辈科学家的谆谆教诲。在独具特色的办学理念，“勤奋学习，红专并进，团结互助”的优良校风熏陶中，“要树立远大理想，要立志为国家的强盛勇攀科学高峰”成为这位青年学子孜孜不倦的人生追求。

图 1.8　1964 年，魏复盛毕业于中国科大

在魏复盛的大学学习笔记中，可以看到这样的记录：钱三强说，“人一生要有所不为才有所为，你没有舍，舍不得牺牲个人的一些利益，你就什么也得不到”；华罗庚说，“天才在于勤奋，知识在于积累”，读书“要从薄到厚，从厚到薄”，“要善于演绎丰富学过的知识，又要善于归纳总结提炼”，等等。这些朴实无华的大师之言深深地印在他的脑海里，伴随他学习生活成长之路，成为他一生享用不尽的精神财富。

凭借着极为优异的学习成绩和攻坚克难的钻研精神，1964 年，魏复盛大学毕业后留校任教，成为中国科大的一名教师。

5. 踏入工作岗位，经受考验和洗礼

从偏远的西南乡村走出来的农家学子魏复盛以优异的成绩大学毕业，他以一颗诚挚的报效党和国家的赤子之心，满怀激情地投入到祖国建设的工作之中。

此时，一场声势浩大的社会主义教育运动已在全国开展起来。1964 年 3 月 22 日，党中央发出了《中央关于在全党组织干部宣讲队伍把全党全民的社会主义教育运动进行到底的指示》，特别强调凡是能下去的干部都要下乡去搞“四清”运动。在这样的形势下，魏复盛踏入工作岗位的第一项任务，就是参加“四清”工作队，被派下乡搞运动。他连续两年分别去了北京通县小鲁店村和顺义县牛栏山公社张庄生产大队，与贫下中农同吃同住同劳动，搞农村社会主义教育运动，既向农民学习，又帮助他们建设新农村，把生产搞上去。

从 1964 年秋至 1965 年夏，魏复盛随第一期工作队进住到了通县小鲁店村。他们给贫下中农挑水，打扫院子，掏大粪沤肥。他们几个年轻人到庄稼地里收玉米，一个人管两垄，足有百米长，他们铆足了劲挥着镰刀砍棒秸，刚砍半垄地，就已是满头汗水往下淌，再看村里农民已经一溜烟儿砍到了尽头，把他们远远地甩在了后面。到了冬天，他们和农民一起平整土地、

图 1.9　1965 年，魏复盛（左一）与留校同学一同参加“四清”工作队

修水渠。在凛冽的寒风中，他们抡起镐头刨下去，在冰冻的地面上只凿出浅浅的小坑，手还被震得生疼。魏复盛虽是从农村出来的，但他深切地感受到北方农民劳作的艰辛，更体会到收成是汗水浇灌出来的。

第二期“四清”工作队是到顺义县牛栏山公社张庄生产大队。魏复盛被任命为工作队副队长，队长是全国文联办公室主任陈凡。他们总结了第一期的经验教训，首要的工作就是把生产搞上去。

到了 1966 年 5 月，“四清”工作队接到通知，马上撤离回原单位参加“文化大革命”。就这样，魏复盛回到了学校。“文革”初期，开始了全国的大“串联”。魏复盛与学生们一起从北京出发到贵阳、昆明，到湖南的韶山冲、岳麓山，再到江西的井冈山，一路走来，魏复盛的所见所闻，既使他感到革命来之不易，又让他感到迷茫和困惑。

“文化大革命”在全国范围内爆发，高等院校首当其冲遭到破坏，学校停止招生，教学、科研工作被迫停顿。

图 1.10　1966 年，魏复盛（后排左一）与同事在长沙爱晚亭前留影

1970 年初，中国科大南迁到了合肥，魏复盛只是一个普通的年轻教师，在运动的大潮中，他深感政治运动和处理人事关系太复杂，自己无力应对，他也不想当官做领导，而且爱人身体不好，孩子又小且体弱多病，家务负担

重，他也就基本上游离于政治运动之外。在那个年代里，根红苗正的贫苦农民出身，使魏复盛躲过劫难，平安度过。渐渐地，魏复盛开始深入思考，他体会到做人做事来不得半点虚伪，要实事求是地做事，踏踏实实地做人，为国家为社会做出贡献。他凭借着简单、朴实和善良，经受住了苦难岁月的洗礼。

6. 温馨和谐的家庭——事业有成的出发地

魏复盛是个性格内向沉稳的年轻人，生活朴素简单，学习成绩优秀，为人实在可靠。当年他的同乡蒋德珍，也是他的高中同班同学，考上了北京工业学院，大学毕业后分配在七机部二院工作，从事军工科技研究。蒋德珍性格外向，开朗直爽，热情友好。二人既是同乡又是同学，相同的家庭出身、相同的成长背景，以及相同的生活经历，在为社会主义祖国建设事业共同奋斗的青春岁月里，远离家乡的两个年轻人志趣相投，意气风发，都想着要为国家多干实事，自然而然就走到了一起，携手步入了成家立业的人生旅程。

图 1.11　1966 年，魏复盛与蒋德珍的结婚照

1966 年冬天，他们结婚了。婚礼很简朴，没有请客吃饭，也没有仪式，家里穷没给一分钱，只是寄来了三丈布票，他们俩用一个月的工资买了床单和被褥。然后向单位申请要一间房，当时的办事人员问：

“在二区有三间房可给一间，你们要大的还是小的？”蒋德珍一想家里没有家具，也没有什么东西，空空荡荡的，就要了朝北最小的一间，想着以后有了孩子再换一间大点儿的。他们从单位宿舍搬了两张单人床一拼，买了两斤水果糖、一条香烟、一包茶叶招待前来祝贺的同事。同事们带着“红宝书”、毛主席像章前来贺喜，这就算是结婚了，现在看来就是真正的“裸婚”。

魏复盛和蒋德珍都来自子女众多的贫困家庭，当时两人的工资一个月合起来有 112 元，但要拿出一多半寄回老家，供养双方的老人，支持老家的弟妹上学读书。毕业于工科院校从事着高精尖军工行业的蒋德珍很能干，她勤俭持家，还学会了裁剪、织毛衣，魏复盛穿着爱人织的毛衣心里暖洋洋的。他同学的哥哥来北京看望他们，看见蒋德珍自己动手给全家人缝制衣服，直说魏复盛娶了个有文化又贤惠能干的好妻子。

图 1.12　1971 年，魏复盛一家与岳母在合肥

1968 年的夏天非常炎热，蒋德珍生下了儿子魏东。医生在产前检查时发现她患有风湿性心脏病，二尖瓣狭窄，闭锁不全。蒋德珍生产时又大出血，好在医生有准备，母子二人都保住了。医生嘱咐蒋德珍，今后不能再生育了，不能有重体力劳动，千万不要感冒，注意保养身体。产后蒋德珍的身体一直没有恢复过来，人也很消瘦。儿子魏东因为是不足月出生的，发育不良，抵抗力差，总是生病。作为母亲，蒋德珍顾不得医生的嘱咐，

带着儿子四处寻医问药，找中医给魏东捏脊，到北京儿童医院找老中医看病，最终医好了魏东的疳积。

蒋德珍全力照看孩子，操持家务，让魏复盛可以一心一意地投入工作。魏复盛很感激妻子对他工作的无私支持。1969 年中国科大搬迁到安徽，第二年学校落户到了合肥。魏复盛非常担心体弱多病的妻子，就与她商量："我先去合肥，你和孩子暂时留在北京，等安顿好了，条件合适了，你们再过去。"没想到蒋德珍坚定地说："要走一起走，哪怕吃苦受累，好歹全家人在一起。"蒋德珍于是申请调离，她放弃了军工科技研究工作，到了合肥后就在子弟小学代课。直到 1972 年中国科大准备复课招生了，她才到自动化系当了教师。

合肥夏季湿热、冬季湿冷，蒋德珍和魏东母子一直身体状况不佳，体弱多病。到了 80 年代初，儿子初中毕业面临考高中，考虑将来还有高考，而当时全家人的户口还在北京，这样魏复盛最终决定放弃出国进修的机会离开中国科大，全家迁回了北京。1983 年，魏复盛夫妇调入中国环境监测总站（简称监测总站）工作，开始了人生的新篇章。

图 1.13　1993 年，魏复盛夫妇为岳母庆祝生日

无论是在中国科大还是在监测总站工作，魏复盛都会经常出差，他全心全意地投入到工作中，家中的大小事务都由妻子包揽了。但儿子魏东说："我爸是个心很细的人。他很体谅我妈的身体。只要不出差，他就会干很多家务。他也从不挑剔家

里的生活安排。我外婆一直跟我们一起生活，他很孝敬她。要是赶上外婆过生日，他就会亲自下厨为她做一桌川菜，还会请学生们到家里来，热热闹闹的，让老人家开心快乐。”他回忆说：“其实，我爸做饭很好吃，他会和我开玩笑地说，他是学分析化学的，常做实验，很懂得配料，用量很准，火候拿捏得恰当。所以，倘若家中来客人，或者我爸不出差，都是他下厨掌勺。”

儿子魏东对父亲的敬佩之情，出自对各种小事的体会观察。他说：“平时在家里做事学东西，我爸总是显得比我们反应慢。其实，我妈和我都是照葫芦画瓢快，而我爸是要先知道为什么，搞明白其中的原理。实际上一旦学会了，他就会比我们做得都好，而且行动力很强。所以我妈说他其实不慢，他只是比我们想得更深入一层，做起来就会更快更好。”

“父亲很认真。他给学生写推荐信，一贯实事求是，用词平实，不夸张不吹嘘，郑重地签上自己的名字。”魏东说，“他待人处事很公正。不管是他认可的或不认可的，他既不会高抬，也绝对不会贬低。他说，不是他的专业他不能随便发言，他是要负责任的。”

对家人，魏复盛也是严格要求。妻子蒋德珍调入监测总站后，参与了全国粮食农药残留调查课题研究项目，承担课题的数据处理工作，并开发了数据库。之后她又负责全国土壤环境背景值研究数据库的建设，做了大量的数据处理工作。此项目获得国家科技进步奖二等奖，她是获奖人之一，按条件她可以获得国务院专家特殊津贴奖励，也有晋升研究员的资格。蒋德珍的业务水平、能力及资历业绩都得到大家的公认。魏复盛是职称评定委员会的成员，但是他坦诚地对妻子说：“在监测总站这样的专业业务单位，老同志多，职称晋升压力大，不能一下子都给解决。我们要顾全大局，吃点儿亏没什么关系。”关于荣誉和职称问题，蒋德珍也对魏复盛讲了自己的想法：“我们家已有一位院士，你又是站领导，我们家已经有很多荣誉了。”蒋德珍从不不计较工作上的得失，认真做好分配给她的每个项目，全力以赴地支持魏复盛的工作。魏复盛常说，他所作的点滴贡献，有一多半是蒋德珍的功劳。

在几十年的家庭生活中，他们相互尊重、关爱、支持和理解。儿子魏东考上了清华大学，后到国外留学，获得了博士学位，在国外工作二十余年后又回到中国，生活在父母身边，全家其乐融融！

7. 好人相助，终生难忘

魏复盛不擅言辞，他经常挂在嘴边的一句话：“好人相助，让我不断进步，终生难忘！”这是他的亲身感悟。

采访时，他真诚地讲道：“我在学习、工作和生活中，所获得的荣誉、取得的成绩和收获的幸福，与帮助支持我的老师、同事及家庭密不可分。同时我也是幸运的，幼年时倔强地渴望读书，得到了私塾老师的帮助；初中毕业的转折关头，得到了班主任周老师的指引；在艰苦的求学路上，一直得到家中大姐的关心和扶助。我读的是翻身书，靠的是党和政府读完了大学，留在北京工作。”

魏复盛对于扶持自己踏上科研之路的老一代学者更是深怀感念。在中国科大工作期间，深得尹方教授和沈乃葵教授的提携，对此魏复盛念念不忘。当年他在做新的显色剂分光光度法及三元络合物研究时，对一些分析研究方法很有想法，也有一些创造性的突破，并在国内的专业期刊上发表了不少论文。当时，他去请教这两位教授，表达了自己有向国际期刊 *Talanta*、

Analytical Letters、*The Analyst*、*MicroChimica Acta* 投稿的想法，两位老师非常支持，并给予了他很大的帮助。两位教授的英文功底非常好，沈乃葵教授给他的英文论文严格把关之后，因为没有英文打字机，沈教授就亲自动手，仔细誊写，字体像印刷体一样工整，投送给 *Talanta* 杂志，结果成功被录用。后来尹方教授的夫人陈彩芳老师找到了一台有些破旧的老式打字机，虽然用它打出来的文章字迹看上去深浅不一，但也是屡投屡中，魏复盛这样一连发表了二十多篇论文。

图 1.14　1998 年，魏复盛到安徽蚌埠看望沈乃葵教授

20 世纪 80 年代初，魏复盛准备调回北京。魏复盛回忆说[①]："到北京要自谋工作，原本以我所学的专业和在科大从教的经历，去大学当老师会是很顺利的，不料还是碰了钉子"。当他听说监测总站正在筹建中时，魏复盛回想起他在厂矿的经历，以及由此产生的对环境保护事业的浓厚兴趣，他决定来监测总站工作。采访时，魏复盛清楚地记得与监测总站负责人老红军程滨[②]副院长初次见面时的情景："他很热情地接待了我，带我去见柴文琦站长。他们听完我的自我介绍，当时就表态，欢迎我们夫妇都来监测总站工作。"

1983 年初，魏复盛正式调入监测总站。柴文琦[③]站长是一位爱才惜才的领导。刚调入，他就让魏复盛担任分析研究室主

① 魏复盛访谈，2018 年 8 月 26 日，中国环境监测总站。
② 程滨，1981—1982 年任中国环境科学研究院副院长，全面负责监测总站筹建工作。
③ 柴文琦，1982—1985 年、1987—1996 年任中国环境监测总站站长。

任；两年后，也就是 1985 年初，魏复盛成为监测总站业务副站长。当时有一个去荷兰作访问学者的名额，外方全额资助，并授予硕士学位，领导推荐了魏复盛。但是，魏复盛却婉言谢绝了，他认为自己在新的岗位上更应该先踏踏实实地为监测总站多干工作。后来，柴文琦调到环境保护局任副局长，陈子久[①]调到监测总站任副站长，主持全面工作。陈子久站长和化工专家缪天成[②]总工程师都大力支持魏复盛的工作，推荐他出任"中国土壤环境背景值研究"攻关课题组组长。陈子久站长对魏复盛说："你是专家，业务上你做主，大胆干，你干得好，不正说明我领导得好嘛。后勤保障和外界协调由我来做。"这真正体现了一个领导者的风范和责任担当。

图 1.15　1982 年底，魏复盛即将离开中国科大调入监测总站，临行前与化学教研室的同事们合影（右二魏复盛，右四尹方教授）

① 陈子久，1985—1987 年任中国环境监测总站副站长，主持监测总站日常工作。
② 缪天成，1984—1991 年任中国环境监测总站总工程师。

魏复盛十分感谢程滨、柴文琦、陈子久、缪天成的指导和支持，他们为他搭建起能发挥重要作用的平台。他回忆说，有监测总站和全国环境监测系统的同行配合，大家团结协作，让他感到工作得心应手，能够高效率地完成课题任务。土壤课题圆满完成，并获得国家科技进步奖二等奖，其研究的方法学、质量保证措施、获得的准确可比的土壤环境背景值数据，直到今天，对于土壤污染调查与评估都有重要参考价值。在此课题研究过程中，魏复盛与北京大学陈静生教授、中科院沈阳应用生态研究所吴燕玉研究员共同合作，相互配合，相互促进，不但取得了成绩，还结下了深厚的友谊。在研究中，南京土壤所杨国治研究员、华东师大王云教授及很多专家也都为课题建言献策，让他获益良多。

图 1.16　1991 年，（右起）魏复盛与柴文琦站长、陈子久站长。他们一起经历了监测总站建站初期的艰难时光

魏复盛老实厚道，为人正派。与他相处时，同行、同事们都认为他讲实话、干实事、乐于助人。魏复盛从事环保工作以来，记者多次采访报道他，都称他为环保科技实干家。

魏复盛回忆说，在酸雨课题及其他环保课题的研究中，得到了国家环境保护局科技处的庸勇智处长、固废处石青、标准处陆昌淼、滕静等同志的指导和支持；在中美科技合作项目中，梁思翠女士给予了很多指导与帮助。

在课题研究过程中，魏复盛深切体会到老一辈科学家的严谨，对他有很大的鼓励和教育。在采访中，他说刘鸿亮①院士曾非常严肃地说过，对每个申报工程院院士候选人的审核，看重的是实事求是和工作业绩的成效。1997 年，在魏复盛当选中国工程院院士后，刘鸿亮院士提议让他担任农业与轻纺环境学部的副主任；2006 年，学部主任石玉林②院士推荐他担任首届环境与轻纺工程学部主任。

图 1.17　1999 年，魏复盛（左一）与刘鸿亮（中）在日本访问

虽然当选院士时他已经将近六十岁，但在魏复盛看来，在工程院参加的每次会议、讨论，每个研究报告会，都是一次次的学习。魏复盛曾经在采访中诚恳地谈道："朱光亚、宋健、徐匡迪、周济以及袁隆平、吴明珠、潘家铮、陆佑楣、侯祥麟等，

① 刘鸿亮，环境工程专家，1994 年当选为中国工程院院士。
② 石玉林，土地资源与区域开发专家，中国工程院院士。

每位院士都是一本优秀的教科书，在他们的报告中、发言里，都传递出他们做人做事的精华，使我受益匪浅。他们放眼世界，深耕本专业，关注国家发展方向，对工程院战略地位提升，对学科、智库的建设做了很多的贡献。在环保科研工作中，我视他们为学习的楷模。”①

图 1.18　2002 年，魏复盛（左一）、王文兴（左三）及梁思翠（右一）一同接待美国环境保护局三角公园重点实验室 Wilson 博士夫妇

采访时，魏复盛深情地说：“回顾自己的科研工作及与美国的 Robert S.Chapman 博士②、William E.Wilson 博士③、Wendie A. Robbins 博士④、Jimmy C. Pau 博士⑤和 Jim Zhang 博士⑥的合作中，我的同行、我的同事、跨专业的合作者，特别是流行病学专家何兴舟⑦教授，他们都给予了我很多的支持和帮助。还有我指导的硕士和博士研究生们，我们共同切磋，教学互促，取长

① 魏复盛访谈，2019 年 1 月 11 日，中国环境监测总站。

② Robert S. Chapman，美国环境保护局环境流行病学专家，中美合作项目“空气污染对呼吸健康影响研究”美方首席专家。

③ William E. Wilson，美国环境保护局环境科学专家。

④ Wendie A. Robbins，生殖医学专家，加州大学洛杉矶分校终身教授，中美合作项目“硼污染对男性生殖健康影响研究”美方首席专家。

⑤ Jimmy C. Pau，美国环境保护局环境工程专家。

⑥ Jim Zhang，环境健康研究专家，杜克大学教授。

⑦ 何兴舟，环境流行病学专家，中国预防医学科学院环境卫生与卫生工程研究所研究员。

补短，共同为国家的环境科学研究和环境保护事业的发展贡献自己的力量。”①

魏复盛个子不高，身体略显单薄，年轻时虽然工作忙，家庭负担重，但身体一直都还好。40 多岁时，一次他在实验室做试验，不小心打碎了一瓶吡啶，顿时室内变得奇臭无比，他当时被呛得头昏眼花，晚上回家躺在床上翻来覆去睡不着，持续了几天不见好转，只好去医院检查，结果发现血压升高了，医生诊断是植物神经紊乱所致。后来不适感渐渐变小他也就不在意了，继续忙于工作。当魏复盛年过 50 岁时，老同事江孝绰提醒他，降压药是要一直服用的，不能忽视高血压，它对心脑血管和肾脏都有影响，不注意的话会引起严重后果。这样他才开始服用降压药。到了 60 岁，魏复盛时常会出现心慌、心悸，感到很难受，但过一会儿又没事了。2004 年在工程院开会时他突然发病，还好及时做了心电图检查，发现是心动过速，严重房颤。当时，魏复盛担任第十届全国人大常委会委员和环境与资源保护委员会委员，又任工程院农业轻纺学部副主任，工作忙压力大。同组的老专家看到他很疲惫就劝慰他：“工作多任务重时你要全力投入，但也要抓紧时间学会休息。”2007 年，北京阜外医院的胡盛寿院长给他做了检查，安放了心脏支架，疏通了血管，心脏病症有所缓解，而房颤情况未改善，到了 2011 年以后就变成持久性房颤了，他慢慢习惯了也不再感到十分难受，体力精力也逐渐恢复了。

2018 年 8 月中旬，魏复盛应邀到昆明参加学术研讨会做报告，照顾他生活的老伴蒋德珍一起同行。临回京前蒋德珍突发脑梗，幸运的是，在云南省环保宣教中心王云斋主任的协调安排下，得到云南省人民医院和云南省环保厅的支持，诊断准确救治及时。之后，组织上出面与航空公司协商，很快将蒋德珍

① 魏复盛访谈，2019 年 1 月 11 日，中国环境监测总站。

送回北京中日医院治疗，她持续昏迷四天后才苏醒过来。后来蒋德珍在中日医院康复中心接受康复治疗，身体恢复得很好，没有留下后遗症。中日医院脑神经内科医生都说这是一个奇迹。屋漏偏逢连夜雨，在老伴住院治疗期间，魏复盛又急又累，9月11日清晨，突发胸腹部剧痛，以为出现心梗，到了安贞医院急诊，医生怀疑是心脏血管溃疡，建议开胸手术。关键时刻，阜外医院的胡盛寿院长联系了各方面专家会诊，最终排除了心血管的问题，结论是急性胆囊炎或胆结石引起的胸腹剧痛。这样他就在阜外医院重症监护室治疗消除炎症，后又到北医三院做了两次强化消炎治疗，情况有了明显好转。魏复盛因为有冠心病、持久性房颤等，年纪大了，麻醉风险大，就暂时搁置了胆囊切除手术。

但是，他的胆囊问题不能忽视，随时会引发急症。后来在同济大学徐祖信教授的帮助下联系了上海长征医院，由张殿勇副院长亲自协调，廖德宁和胡志前两位主任医师以及麻醉、心

图 1.19　2019 年，魏复盛在手术后，为表达感谢之情，向上海长征医院的领导和医生赠送锦旗

脏、呼吸各科医生紧密配合，为魏复盛实施了胆囊切除手术，手术很成功，他身体恢复得很好。为了表达感谢之情，魏复盛专门制作了一面“仁心仁术，妙手回春”的锦旗，送给了长征医院。

魏复盛夫妇的工作、生活和身体健康得到了监测总站领导和同事们的关心和关怀。陈善荣站长说，不管有什么问题，他们都全力以赴解决。自 1999 年魏复盛不再担任行政职务后，这 20 多年来，他一直活跃在环保科技界为大家服务，同事、领导、朋友对他的工作、生活、健康都非常关心，他一家人对此感激不尽。

第二章

热爱环保　不断学习

1. 在工厂实践中初识环保

中国科大自 1969 年 12 月南迁，学校落址合肥市，在原合肥师范学院校址办学。全校教职工分散到淮南、马鞍山、铜陵、合肥、巢湖农场等地，半天劳动，半天搞“运动”，接受再教育。

魏复盛下放到马鞍山第二钢铁厂，厂里安排他当炉前工。这是个高强度的体力活，炼钢炉前温度很高，危险较大，他的工作就是在炉口旁取料、配料、投料。当时在炼钢过程中，需要不时地打开炉门，从烈火熊熊、钢水翻滚的炉膛中取出样品送去化验。刚开始，奋战在炼钢炉前的工人们看不上这些从大学里来的师生，有时还会故意让他们难堪。然而身材矮小的魏复盛没有畏惧，也很能吃苦，在炼钢炉前经受住了炙热火焰的考验。他埋头苦干，与工人师傅一同挥汗如雨，飞溅的钢水也在他身上留下了光荣的印记。而那些炼钢工人也成了他的朋友。

人们常说“机会总是属于有准备的人”，不如说“机会总是属于实干的人”。魏复盛就是以实干同初创的环保事业结了缘。

1965 年毛主席讲过，工业的综合利用大有文章可做[①]。当时的铜陵冶炼厂，开工时就会排放出大量的废气，厂区内也堆积着很多废弃的矿渣、炉渣废料。厂里提出找两个老师来做调查，帮助他们开展综合利用，从厂里堆放的废渣和烟灰中提炼回收锗。

工宣队就安排魏复盛和朱文范老师去了铜陵冶炼厂。

采访时，魏复盛回忆道：“我来到那里很高兴，自己的知识

① 《中共党史资料》2000 年第 1 期。

可以派上用场了。白天的工作是与工人师傅一起做调查、做分析化验，冶炼厂有自己的化验车间，虽然条件简陋些，但是可以分析测试矿石和废渣中的各种元素，比如锗、铜、铅、镍、钴、砷、硒等。把我们的知识与工人师傅的经验结合起来，在实践应用中总结出适合的、易于操作的方法。下班后还有时间看书，能有如此机会也是很难得的。”①

锗，这个俄国化学家门捷列夫从1871年就预言其存在的金属元素，在20世纪发展的半导体工业领域获得了重要地位。1942年，人们发现锗是良好的半导体材料，可以用来代替真空管。1948年美国研制出锗晶体管。锗具备多方面的特殊性质，在半导体、航空航天测控、核物理探测、光纤通讯、红外光学、太阳能电池、化学催化剂、生物医学等领域都有广泛而重要的应用，是一种重要的战略资源。但锗在自然界分布很散很广，属于稀散元素，没有可供工业开采的矿石。近代工业生产主要从硫化铜铅锌矿、煤以及冶金废料或烟道灰尘中回收锗。

如果能从废渣、烟灰中回收到锗，对国家的建设有重大意义，这也是项“政治任务”。魏复盛与同事一起开始分析化验烟灰中的锗含量。但结果令人沮丧，不同烟灰样品中锗的含量都非常低，他们反复测试，结果依然如此，废渣、烟灰没有综合利用的价值。这个分析测试结果与厂领导的期望不符。他们的这个结果能否被认可？怎么办？在这样一个特殊的年代里，如何做汇报？有可能会被扣上对政治任务的态度有问题的大帽子，这些问题拷问着每个参与者。“这毕竟是个科学问题，来不得半点儿的虚假，如果报了假结果，事后证明不是那么回事，那我们又该如何收场啊！”魏复盛如实地说道。魏复盛和同事最终决定，实事求是地向厂领导汇报了分

① 魏复盛访谈，2019年1月11日，中国环境监测总站。

析测试的结果。此后，他们一直心怀忐忑。最后，厂里决定作现场测试“大比对”。在化验车间，厂里的六级化验工亲自操刀，重复这个实验，厂领导和有关人员一同观看。在一旁的魏复盛也免不了心弦紧绷，无论在哪个环节，哪怕出一点儿小问题，都会给他带来难以预想的后果。当前什么都做不了，只能等待着最后的裁决。比对的结论终于出来了，化验工得出的结果与他们的完全一样：锗的含量浓度很低，没有利用价值。魏复盛大大地舒了一口气。通过这件事，魏复盛对自己更有了信心，科学试验来不得半点虚假，一定要实事求是，不能说违心的话。要认真诚实地为人做事，坚定信念，有所担当！

从此，魏复盛更加留心观察和记录工厂出现的各种情况。每年的七八月间，冶炼厂必须停工检修，原因是这段时间正值厂区周围农田中水稻的扬花期，而冶炼厂排放的烟尘中含有高浓度的二氧化硫，烟尘随风飘散，落到周围的稻田里，会影响水稻花的授粉，甚至会导致水稻花不能授粉，秋天时水稻则会颗粒无收。如果冶炼厂不停工，不仅会给农民带来损失，还会影响工农之间的关系。

魏复盛还从当地卫生防疫站的同志那里了解到，体检发现厂里的职工血小板偏低，职工皮肤上会出现小红点，但离开工厂回家探亲一两个月后，这些症状就会消失。这种情况会不会与工厂的环境有关？还有，冶炼厂的矿石里含有各种化学元素，冶炼过程中排放的浓烟里也含有二氧化硫、三氧化二砷等有害化学物质；磷肥厂进口的矿石里含有放射性元素铀和钍，是有辐射的。这些都给魏复盛留下了深刻的印象。化学物质不仅是工业生产的原料，也会产生一些有害的影响，使农业生产遭受损失，还会危及人的身体健康。魏复盛当时没想到的是，这也是他今后将要面对的科研问题。

2．在进修学习中加深对环保的认识

1972 年，中国科大全体教职工在校党委的领导下，开始了艰难的二次创业。学校重建了数理化基础课教研室，在十分恶劣的条件下开始了教学科研工作，分散在工矿企业和农场接受再教育的教师都被召回了学校。魏复盛渴望踏入实验室的心愿如同一粒种子，有一点儿雨露滋养，就会迫不及待地生根发芽，拼命吸收着来自各方的营养。重新开始教学科研工作后，魏复盛就以这种时不我待的状态投入了工作。

1973 年，学校教学改革，送一批青年教师外出进修，魏复盛被安排到中国科学院化学研究所二部进修学习。化学研究所二部是中科院生态环境研究中心的前身。魏复盛在倪哲明、洪水皆[①]等老师的指导下开展了研究工作。

在跟随倪哲明老师用 Ti（Nb）N-CTHA/SCN 进行三元络合物分光光度测试方法研究时，倪老师将她的导师，科学院学部委员梁树权[②]先生为她修改的论文作为范本让魏复盛学习。魏复盛认真地反复研读后，敬佩之情油然而生。他体会到梁先生对论文的用词十分严谨，准确而简练。他以此为榜样，对自己写的文章总是反复斟酌，多次修改，直至满意为止。

魏复盛完成论文后交给倪老师审定。倪老师对他的论文仔细审读后很满意，但提出一个小疑问：文中测绘的三元络合物的紫外吸收光谱图形，与她原来做的类似三元络合物的吸收光谱形状有些差异，为什么会出现这种情况，是实验出了问题吗？

① 洪水皆，环境化学家，中国科学院生态环境研究中心研究员。
② 梁树权，分析化学家、教育家，1955 年选聘为中国科学院学部委员（院士）。

对这个小问题，魏复盛并没有用倪老师原来的数据一改了之，而是认真思考，又重新做了实验，发现倪老师是用纯溶剂作参比，而他是用空白试剂作参比，所以两个结果相似但图形又有差异；但若参比相同，结果就相同了。当他把重新测试的两张图再次送给严谨的倪老师审定时，老师的脸上露出了满意的笑容。在中科院化学所进修的一年多时间里，魏复盛获益匪浅。他深刻认识到，做实验一定要精益求精，写文章一定要认真严谨，经得起时间和事实的检验。

魏复盛在北京进修的这段时间，也正是国内外的环境保护运动风起云涌之时。

1972 年 6 月 5—16 日，联合国在瑞典首都斯德哥尔摩召开了第一次人类环境会议。这是世界环境保护的重要里程碑，标志着人类对环境问题的觉醒。会议发表的《人类环境宣言》提出“只有一个地球”“为了这一代和将来的世世代代而保护和改善环境，已经成为人类一个紧迫的目标”“各国政府为维护和改善人类环境，造福全体人民和后代而努力”。在周恩来总理的指示下，我国政府派出代表团参加了大会。

1973 年 8 月 5—20 日，由周恩来总理亲自部署，第一次全国环境保护会议在北京召开，会议审视了当时我国环境污染和生态破坏的情况，指出了环境问题的严重性。会议认为，保护和改善环境极为重要，要广泛宣传，引起全党和全国人民的重视，要把这项工作作为一件大事抓紧抓好。会议审议通过了我国“全面规划、合理布局、综合利用、化害为利、依靠群众、大家动手、保护环境、造福人民”的环境保护工作 32 字方针，拟定了我国第一个环境保护文件《关于保护和改善环境的若干规定（试行草案）》，以此次会议为开端，推动环境保护工作的开展，迈出了我国环境保护事业关键性的一步。

此时的进修学习给了魏复盛一个认识环境保护的机会。采访时他回忆道："1973年的时候，我因为到中科院化学所进修回到了北京。当时北京的官厅水库发生了污染事件而使饮用水告急。周恩来总理批示，成立官厅水库水源保护领导小组，尽快查清污染情况。我看到化学所的科研人员从官厅水库采来水样，进行汞、铅等元素的分析测试，这与我在铜陵冶炼厂曾经遇到的问题很相似。还有一个报道给我的印象很深，就是天津蓟运河灌区用污水灌溉农田，导致万亩小麦颗粒无收，造成了很大的损失。当时我来进修，侧重于分析化学中对物质的定量分离分析，那么在现实环境中各种化学物质或化学元素，与环境污染都有什么样的关联呢？为什么会出现环境污染呢？我对这些问题产生了浓厚的兴趣。

当时，听到从日本考察回来的老师在所里做的交流报告，让我们感到很新奇。给我印象最深的就是著名的世界八大污染公害事件，而日本就占了四个，一个是水俣病，是有机汞的污染；一个是米糠油污染事件，是多氯联苯的污染；一个是痛痛病，锌、铅冶炼厂等排放的含镉废水污染了神通川水体，农民用受到污染的河水灌溉农田，生产的稻米中就含有超量的镉，人饮用含镉的水和食用含镉的大米后而中毒；还有四日市哮喘事件，由于石油冶炼和工业燃油产生的废气、重金属微粒与二氧化硫形成有毒有害的烟雾，严重污染了城市空气，人们出现头疼、咽喉疼等症状，一些哮喘患者在痛苦中死去。

老师还讲，渔民在琵琶湖里打鱼，由于湖水富营养化，水质厌氧分解，释放出来甲烷、硫化氢、氨气，散发的这些臭气会使渔民晕倒，打不到鱼不说还有生命危险。

当时参加竞选首相的田中角荣提出，如果选他做首相，他要还国民以蓝天白云和清洁的环境。他在胜选当政后，采取了很多措施解决日本的环境问题。

日本的环境污染问题影响了经济的发展，影响了人们的身体健康和生活，还会影响政局的稳定，这些事例给我们留下很深的印象。”①

魏复盛对交流讲座中老师谈到的日本环境污染问题，与自己在铜陵冶炼厂遇到的不解现象相对照，为了能更深入地了解和认识环境污染问题，他经常去科学院的情报所查阅这方面的资料。当时没有条件复印，看到感兴趣的内容，他就把这些资料借出来摘抄，做成资料卡片留存起来。他不仅勤于学习，还善于思考，他认为自己的专业技能在环境污染调查中是可以有所作为的。当时化学所对官厅水库水源和污染状况进行调查，发现是上游农药厂引起的饮用水安全问题，他知道对水质的检测是调查的基础和技术手段。他从查阅的资料中看到，在美国大约有 5 000 人从事环境调查和监测工作，而且十分重视环境与健康方面的研究。由此魏复盛受到启发，他想到环境调查与解决环境污染问题密切相关，这也会是未来研究和工作的发展方向之一，回到学校后可以做这方面的工作。

3．在合肥开展环境调查研究

魏复盛实践的第一个环境污染调查项目，是检测分析合肥董铺水库水质是否受到了汞污染，会不会影响饮用水的安全。

董铺水库是合肥市的水源地，1975 年，当地的卫生防疫部门在进行例行检测时发现饮用水中有黄色沉淀，因为已经知道了日本的水俣病，所以对水中出现的异常现象非常敏感，可以说谈汞色变。卫生防疫站的人很紧张，经过多次检测，结果都是水中汞超标，他们感到压力很大，难道真是水库里的水被汞

① 魏复盛访谈，2019 年 1 月 14 日，中国环境监测总站。

污染了？于是，合肥市卫生防疫站的人到中科大找到魏复盛，提出合作调查。他们将多次检测的情况与魏复盛进行了交流。魏复盛根据经验，考虑到应先从分析方法入手验证。卫生防疫站人员是用传统的双硫腙分光光度法进行检测的，双硫腙有机试剂在空气中容易被氧化，产生浅黄色沉淀，这种方法的空白值吸光度高、灵敏度不够，容易使结果产生假阳性，这样再做计算得出的结论就是汞超标了。魏复盛决定用加倍采样富集的方法进行测试。原来是采 200 毫升水样，现在采 1 000 毫升水样、2 000 毫升水样，把汞还原挥发出来，吸收到高锰酸钾溶液里再进行检测，所得的结果跟检测 200 毫升水样的结果一样，由此说明虽然样品量翻倍，但测量值并没有增加，这证明了并不是汞的问题，可能是试剂的问题。试剂被空气氧化产生颜色变化而使人认为是水中汞超标，引起错误判断。不久，魏复盛用新购买的一台冷原子吸收测汞仪进行测试，灵敏度提高了 10 倍以上，结果测出水中的汞浓度并不超标，属于水质的本底水平。调查组又从水库中采集了一些鱼类、贝类和底泥等样品，做进一步的检测，结果是水库的底泥、鱼类和贝类中的汞含量值符合正常范围，而且其含量与生物的种类、体型大小和重量等有关。魏复盛与调查组通过对不同环境介质中汞的检测分析，发现仪器法和化学法的结果存在差异，分光光度法测出超标的水样用测汞仪测定是不超标的。这样就不能简单地认定是水体受到污染，那么，这是什么原因造成的呢？

魏复盛与调查组讨论，一致认为应该追根溯源，他们要从河流的发源地，从源头采样做检测。在溯源调查中发现，在上游山区有一个生产雷管的工厂（用汞作原料），从工厂排水沟渠里采集的水和底泥样品中测得汞的浓度值很高。他们就从河水的源头处开始巡查，直至河流到水库的入水口，沿途选取了多个点位，采集水样进行检测，结果是水的含汞量均不超标。因为雷管的生产量很小，雷管厂产生的汞污染是局部的，沿途河水至下游水库并没有受到影响，水质也没有污染。饮用的自来水烧开后有黄色沉淀的主要原因是，自来水厂做消毒处理的时候，在通入的氯气不足的情况下，作为絮凝剂的硫酸亚铁投入自来水中没有完全氧化而在水管中停置。待自来水烧开之时亚铁离子氧化成三价铁就产生了氢氧化铁黄色沉淀。

通过与市卫生防疫站合作调查检测董铺水库的水质是否出现汞污染这项研究，使魏复盛对实施过程中的实地调查采样、样品的检测、筛选适用的分析方法有了更多的认识和思考。从在北京进修期间关注环境污染的形势，到在现实工作中亲眼所见环境污染的现象，再到亲身经历了全过程调查研究的实践，并利用自己的技术专业优势，得出经过反复分析验证且符合客观实际情况的结论，这一系列过程使魏复盛在感到有所收获的同时，更加深刻认识到了钻研分析方法的重要性。他回忆道，暑假期间，合肥的天气非常炎热，很难熬，但是在实验室里，他专注于探寻各种分析方法，结合环境污染物进行多元素的测试实验，时间很快就过去了。这样，他不仅在实验室里度过了炎热的暑期，还获取了很多分析方法的测试经验，写出了两篇实验报告。

因为萌生了为解决环境污染问题作出贡献的想法，在调查分析的实践中又有了成果，这就更激发了魏复盛努力探究的愿望。1974 年，合肥市建委提出与中国科大合作，对合肥市数十家工业污染企业作一次初步调查，建委组织人员到企业采集废水水样，中国科大分析实验室负责对水样做化验分析。魏复盛带领教师们在实验室建立了水质分析的常规监测方法，着重对一些重金属、非金属做方法研究，分析测试了镉、砷、汞、铅、铜、锌、COD_{Cr}、BOD_5 等多个项目。魏复盛专注于实验中的分析测试方法，他坚持分析方法一定要研究透彻，实验边

图 2.1　1980 年，魏复盛为中国科大第一届少年班的同学们讲授化学演示实验

界条件要准确，不仅自己要反复操作，能重复做出来，而且别人按你的方法去操作，也能做得出来，这才是检验实验方法的标准。

魏复盛不仅执着于实干研究，而且勤于归纳总结。他除了撰写论文投稿给学术杂志，还积极参加相关方面的学术交流和学术活动。他把与科研单位交流得到的最新信息资料和自己的工作体会汇集在一起，当时既没有打印机也没有复印机，就自己动手刻蜡版，一页一页地油印出来分发给参加学术会议的代表，希望大家与他一样关注并搜寻解决环境污染问题的方法，开展环境保护的研究。

在当时做这方面工作的人很少，相关的信息资料也很缺乏，魏复盛孜孜不倦的研究，积累了一些经验，还有一定的心得体会。1975 年，魏复盛被邀请加入了卫生部卫生研究所环境污染物分析方法研究协作组，参与了《土壤固废环境卫生检疫检验方法》一书的研究与编写，提供了一些当时最需要的环境污染物的测定方法。1977 年，魏复盛又被邀请参加中科院环境化学研究所组织的环境污染物分析方法的协作组，提供了他曾做的砷和汞等一些元素测定的分析方法及验证方法。有机会参与这两个科研协作组的工作，使魏复盛的视野更加开阔了，他进一步了解了当时环境监测分析方法研究的动态以及发展趋势，更加深了他对环境保护研究的认识。

4. 参加讲师团增加知识储备

作为一名普通的教师，在课堂上、在实验室里，魏复盛踏实勤恳地教书、做实验，认真负责地履行着工作职责。他关注调查环境污染问题的方法，在实验室里努力钻研合适的分析方法，进行与污染物相关的各种化学元素的测试。一分耕耘一分收获，他的努力实干使他有了许多收获。他在国内外的学术期刊上发表了多篇论文，并受到校外科研单位邀请，参与分析方法及方法验证的课题研究。

图 2.2　1975 年，魏复盛（前排右二）参加中国科大下乡讲师团，与同事合影

1976 年，为传播科学种田知识，稳定下乡的知识青年扎根农村，学校要求化学系组织一个讲师团走入乡村做宣讲，重点对知青进行培训，目的是使他们学会科学施肥，能够对农田

土壤和农作物是否缺乏肥料作出诊断。讲师团要下乡，这是个艰苦的工作，有些教师退缩了，寻找各种理由推脱不去。魏复盛因曾参加“四清”在农村工作过两年，不在讲师团的人选范围内，但看到这种情景，他坚定地说：“我出身在农村，对农村、对农民有感情，我去！”[①]他就是这样以朴实和真诚应对各种挑战。

魏复盛被任命为组长，带领由 8 位教师组成的讲师团，开始了在安徽省内各县乡村的巡回培训和宣讲。他被推举为主讲，其他老师进行辅导工作或指导实验操作。魏复盛带领着讲师团不辞辛苦地一个乡一个乡地巡走。他作为主讲，要根据各地的不同情况反复调整修改讲稿，使培训讲课的内容更适合当地的情况。他的讲解既详细又通俗，知青能够听得懂、学得会。

魏复盛认真负责地传授着知识，任劳任怨，一遍遍地讲，一遍遍地演示。他把这个艰苦的传经授业过程，当作不断充实知识、积累经验、自我进修学习的机会。他说：“要想有所作为，就要经受苦难磨炼，不仅要吃得了苦，还要能受得了气，由气而生志，有志气才能努力奋斗，增长知识和才干。”[①]他怀着这样的质朴思想，脚踏实地地干工作。讲师团的工作虽然很苦，但也是个学习和积累知识的机会。讲师团组成后，他们就到中科院的南京土壤所调研学习，拜访了当时土壤所对土壤中微量元素的含量分布及其形态颇有研究的刘铮先生，还走访了几位被下放到农村劳动的老专家。通过调研、走访和学习，他们在很短的时间里就掌握了有关土壤和土壤肥力的知识，进一步理解了土壤中相关营养元素的有效态，以及土壤中植物生长发育所必需的宏量元素与微量元素等方面的知识。学校也为讲师团配备了土壤肥力速测箱，在田间地头授课时，可以便捷地演示

① 魏复盛访谈，2019 年 3 月 6 日，中国环境监测总站。

并检测土壤和农作物中的铵离子、硝酸盐、亚硝酸盐、磷酸根、钾离子、pH 等。

魏复盛在讲师团下乡时注重给知青作培训，给他们讲解测试农田土壤肥力的方法，指导他们学习辨析和诊断农作物是否缺肥的方法。这段近一年时间的工作插曲，使魏复盛扩大了视野，丰富了经历。从主动学习获得这些知识，再到传授讲解这些知识和方法，使他真正实践了心中所念——处处留心皆学问。他说："主动干事不吃亏，可以积累更多的实践经验，增长知识才干。经历的事越多，遇到的困难越多，意志就被磨炼得越强，解决困难的办法就越多。"[①]虽然时间不长，但这一年对土壤农作物知识的学习和了解，对他后来调入监测总站承担中国土壤环境背景值科技攻关项目颇有帮助。

魏复盛从留校当老师、埋头于实验室钻研分析方法、下放到工厂接受再教育、自我进修学习，到下乡给知青作培训、主动参与科研调查工作，在这些零散的或片段的经历中，他一直都在学习，积累着各方面的知识，保持着对环境保护的兴趣和关注。这些沉淀为他储备了能量，也为他日后的成就打下了丰富而坚实的基础。

5．多渠道学习，扩充环境保护知识

魏复盛的专业特长是分析化学，有着扎实的四大化学——无机化学、有机化学、分析化学、物理化学的理论基础，并且有长期的实验室工作经验。然而环境保护是融合多专业的交叉学科，需要开阔的视野、综合性的分析解决问题的能力和水平。

① 魏复盛访谈，2019 年 3 月 6 日，中国环境监测总站。

因此，魏复盛意识到，在监测总站从事环境保护工作，仅有工作热情是不够的，还要不断地学习，增加环境学科方面的知识，扩充认识保护环境的视野。一方面，他经常阅读国内外环境学科前沿研究的文献资料，刻苦钻研，学习先进理论，指导自己的实际工作；另一方面，通过去发达国家实地参观考察、同国外的专家同行交流与合作、参加专业研讨会，他结合自己的工作实践，汲取各方经验，分析差距，扩大视野，提高自己的能力和水平。

英国考察记

1983 年，魏复盛随柴文琦站长出访英国。这是魏复盛第一次出国，在英国的所见所闻给他留下了深刻的印象。

英国是世界上第一个工业化国家，从 19 世纪末期的工业革命以来，伦敦就以“雾都”而闻名。当时大多数工厂都建在市内和近郊，煤炭是支持工业革命的核心燃料，城市发电靠煤，火车的动力来自煤，工厂烧煤进行生产，家庭烧煤来取暖。煤炭燃烧时，生成水、二氧化碳、一氧化碳、二氧化硫、二氧化氮等物质，这些物质排放到大气中，会附着在烟尘上，凝聚在雾滴中。在没有风的时节，烟尘与雾混合变成黄黑色，笼罩在城市上空多日不散。空气中积累的尘雾妨碍交通，熏黑了房屋，弄脏了衣服，高浓度的二氧化硫和烟雾颗粒还会危害人们的身体健康。19 世纪末期，伦敦每年有 1/3 的时间是这样的“雾日”，冬日破晓呛人的黄雾成为伦敦的标志性景观。1952 年，著名的伦敦烟雾事件给人们敲响了警钟，也提醒人们认识煤的另一面，与石油、天然气和水电相比，它是一种“较脏的能源”。

图 2.3　1983 年，柴文琦（左一）站长率队访问英国，在泰晤士河畔与英方专家合影（左三魏复盛）

1956 年，英国政府颁布了世界上第一部现代意义上的空气污染防治法——《清洁空气法案》。大规模改造城市居民的传统炉灶，居民生活逐步用天然气和电代替煤；冬季采取集中供暖，减少煤炭用量；在城市里设立无烟区，区内禁止使用可以产生烟雾的燃料。发电厂和重工业作为排烟大户被强制搬迁到郊区。1968 年经过修订和扩充的《清洁空气法案》，要求工业企业必须加高烟囱，将烟雾排放到更高的空域，从而更好地扩散大气污染物。1974 年《空气污染控制法案》出台，规定工业燃料中的含硫上限值等硬性标准。在这些刚性政策面前，烧煤产生的烟尘和二氧化硫排放减少，空气污染明显好转。到 1975 年，伦敦的“雾日”已经减少到了每年只有 15 天，1980 年降到 5 天。

而正值改革开放中的中国，正在全力开展经济建设，工业生产高速增长，以煤为主的能源供给和使用量几乎覆盖了整个生产行业和居民的生活。随之而来的是煤的燃烧释放出大量烟尘和有害物质，空气污染日渐显现，产生的环境污染问题也越发严重。在国家努力实现四个现代化的建设事业中，环境污染成为发展经济和工业生产中遇到的新问题。但环境污染并不是一个国家或地区的个别现象，它是国际公认的人类社会发展面临的重大问题之一。

到英国参观考察，对魏复盛来说，是一次难得的实地学习机会。他们在参观过程中，虽然呼吸到了较为清新的空气，但也看到了煤烟污染残留在建筑物上的黑色焦油，还见到了水流浑浊的泰晤士河。他们了解到，治理环境污染，政府是强力主导，要制定相关的法律法规，要投入巨额资金。流经伦敦的泰晤士河接纳了大量的城市污水，整治和恢复泰晤士河的工作前后用了约 120 年的时间，付出了几十亿美元的代价。魏复盛特别注重了解他们为整治工作采用的方法措施。伦敦市的污水直接排入泰晤士河（属于赶潮河），因受潮水上溯、回落、水流壅滞等多种因素影响，河流的水质情况颇为复杂。因此政府采用对水体的 pH、电导率、DO、COD、氨氮等几项敏感指标以自动监测的方式，进行常规监测；每年做一次百余项污染物的监测，借以发现河水的变化趋势及可能出现的新的环境问题。这样根据环境容量来指导和调控河流两岸废水储存设施的排放或关闭，以节省污水处理的成本。

这些直观地学习和考察，使魏复盛感到，仅以他所具备的分析化学专业基础和多年实验室工作的经验，要把环境保护工作做好还不够。他需要不断地学习，扩充对其他专业知识的认知，开阔视野，多方面多角度地认识环境污染问题，探寻综合性、系统性地治理环境污染的措施和方法。

日本考察记

1985 年，魏复盛率团考察日本东京和大阪市，特别走访了日本国立环境研究所和琵琶湖。世界著名的八大公害事件，其中四件就发生在日本。可以说，20 世纪 50 年代后期至 70 年代初的日本是世界上污染最为严重的国家，是以牺牲环境、损害民众的身体健康谋求经济发展的典型。此后日本花了大约十年时间解决污染问题，并取得了很大成功。日本国立环境研究所成立于 1976 年，是日本环境厅成立 3 年后设立的专门从事公害防治和自然环境保护等环境问题的研究机构，它在大气污染、水质污染等公害问题的机制研究、防治手段等领域都有许多成果。

图 2.4　1985 年，魏复盛等访问日本日立公司
（前排左起王素芳、寇洪茹、魏复盛）

琵琶湖是日本的第一大湖泊，与富士山一样被看作是日本的象征。它是当地居民的主要饮用水水源之一，也是京都、大阪、神户的生活和工业水源。20 世纪 60 年代开始，沿岸周围城市大力发展工业，排出的废水中含有的大量农药、化学合成品（洗涤剂）、重金属类物质，破坏了琵琶湖的水生环境。湖水受周围城市的工业和生活污染，受周边农田排水污染。由于受氮磷污染，湖中厌氧分解，释放出甲烷、硫化氢、氨气等有害气体，给水中的鱼类带来了危害，渔民打不到鱼，还有可能被毒气熏倒危及生命。自 1977 年开始连续 3 年，琵琶湖发生了大规模赤潮，引起了日本社会的广泛关注。

此时魏复盛及考察团员们看到的琵琶湖已经有了很大改善，接待他们的日本同行介绍说，这要归功于各级政府制定和实施的各项法规政策，还有当地民众呼吁改善环境的推动作用。政府采取各种对策控制污染物的排放，琵琶湖所在的滋贺县对工业污染的控制采取了最严格的排放标准。对琵琶湖周边生活污染源、畜牧业污染源、农业污染源和工业污染源，实行了综合整治的策略。1979 年制定的《琵琶湖富营养化防治条例》中明确规定了禁止使用含磷的合成洗涤剂。在《琵琶湖富营养化防治条例》实施的同时，滋贺县对琵琶湖开展了“推进环境学习、水质保全、湖周边的保全及环境保全相关的调查研究”。民众作为水消费的主要群体，他们的意见促进了保护政策的制定与开展。1984 年 7 月公布的《湖沼水质保全特别措施法》是日本政府单独以湖沼为对象的最早立法。这一年，首次世界湖沼会议在滋贺县都大津市召开，并通过了《琵琶湖宣言》。

图 2.5　1999 年，（右起）魏复盛与刘鸿亮、任阵海、金鉴明出席环境研究会合影

从特别走访的日本国立环境研究所和琵琶湖两个实例，魏复盛看到日本在环境保护方面取得的成绩。治理污染与保护民众的生存环境息息相关，政府是制定并执行环境保护政策和科

研计划的主导，在政策法规的有效引导下，污染源防控治理措施到位，民众关注积极参与，这些先进的治理技术和完善的管理体系等都是宝贵的经验，值得学习琢磨，要汲取精华，灵活运用到我国的环境治理中来。

开展国际合作交流

魏复盛在监测总站工作初期，为构建环境监测分析方法体系，推动深入、系统性地开展工作，他努力钻研业务，参阅专业书籍，从学习的资料和科研报告中，了解到美国环境保护局对环境科学的认识以及环境监测技术、法规、标准和环境监管都走在世界前列。我国现阶段所采用的水质、空气、固体废物、有机污染物等监测技术和方法大多是参考了他们的研究成果。魏复盛结合当前环境监测工作的实际，考虑到我国社会经济发展水平，以及政策法规和管理制度与发达国家不同，既要学习吸收先进的防治环境污染的监测技术和方法，还应结合国内科

图 2.6 1993 年，魏复盛（左五）率团访问美国环境保护局（左四为 Wilson 博士）

技人员的水平，通过培训班、研讨会、出国考察等各种方式和渠道，进行多方交流和探讨，以借鉴掌握适合我国实际情况的环境监测技术和方法。

1992 年，魏复盛与美国环境保护局三角公园大气环境研究所 Jimmy C. Pau 博士合作，在国内举办大气固定源采样和监测技术研讨会。在研讨会上主要介绍了美国《清洁空气法案》的实践和应用，以及大气污染源自动监测系统。此后，魏复盛多次联系美国和日本的专家，组织在国内举办环境监测技术研讨会，针对有机污染物的监测与防治技术进行交流和探讨，对促进我国环境监测技术的进步与现代化起到了积极的重要作用。

图 2.7　1993 年，魏复盛（左一）参观美国环境保护局三角公园重点实验室

魏复盛谦虚好学，多年积累的实验室分析工作经验，让他认识到在环境监测技术体系建设中，分析方法的标准化是使环境分析数据质量准确、可比的保障之一。有关水质方面的国际标准是由国际标准化组织（ISO）水质技术委员会，即 ISO/TC147 制定的。ISO/TC147 专门负责水质领域的标准化，已制定了 200 多项标准，这些标准成为世界各国水质控制的国家立法基础。1995 年，魏复盛在北京接待了 ISO/TC147 秘书处的专家，一起

交流了水质检测专业的标准化管理经验；同年，他应邀出席了在法国巴黎召开的ISO/TC147专家研讨会议。

图2.8 1995年，魏复盛在环境监测总站接待ISO/TC147组织秘书处的专家

魏复盛在会议上说，环境监测覆盖的时间跨度、空间跨度很大，涉及的监测单位、仪器、人员很庞杂，如何做到监测数据的准确性、可比性、有效性？根据美国的经验教训，必须建立全程序的质量保证与质量控制。这对中国的环境监测和环境科研都十分重要，现在我们已经努力在做，并在不断改进和完善。

采访时，魏复盛说，他学的是化学专业，有四大化学的理论基础，也有分析化学实验室的工作经验，但投身环境保护事业，从事的环境监测科研工作是个跨学科综合性的，需要多学科的知识储备，需要具备系统性的分析解决问题的能力。他清楚地认识到自己的不足，对环境学科领域中不懂的、未学过的知识，他不回避也不敷衍，而是要求自己根据工作的需要，努力自学钻研。①

魏复盛从初识环保到从事环保工作的几十年间，科学技术的发展突飞猛进、日新月异。在此期间，探索全球范围内的环境演化规律、人类活动与自然生态之间的关系、环境变化对人类生存的影响，以及环境污染的防治技术和管理措施，都在不断地产生新的理念、新的思想、新的技术手段。在社会发展进程中，他始

① 魏复盛访谈，2019年3月9日，中国环境监测总站。

终坚持跟紧时代的步伐，孜孜以求，学无止境。

图 2.9 1995 年，魏复盛（左三）和祝新祥（右四）等访问德国

图 2.10 1997 年，魏复盛（前排右二）应美国康涅狄格州环境保护局局长邀请，访美时与专家合影

第三章

构建并推动环境监测分析方法体系建设

1978 年 12 月，党的十一届三中全会决定把党和国家的工作重点转移到社会主义现代化建设上来，全面实行改革开放的战略决策，实现了党的历史上具有深远意义的伟大转折。这一转折使我国的环境保护事业步入了一个崭新的快速发展时期，随着国门敞开，国际交流频繁，环境保护也进入发展决策前沿。1983 年召开了第二次全国环境保护会议，把国家的环境保护事业推到一个新的阶段，明确了环境保护是现代化建设中的一项战略任务，是一项基本国策，确定了环境保护在经济和社会发展中的重要地位。就在这一年，魏复盛调入监测总站，他全力以赴地投入环境保护事业中，专职承担起环境监测科研工作。

1．从实验室建设起步，从分析方法入手

魏复盛在中国科大工作的十多年里一直从事分析化学专业的教学和实验工作，有着扎实的专业基础，而且也参与过若干项环境污染调查和分析实验课题研究，对环境保护有认识，有了解，有兴趣，还有追求。他调入监测总站即被任命为分析研究室主任。这一年，他已 40 有余。对于魏复盛来说，这是他一生中精力最充沛的黄金时期，既有实践经验的积累，也有敢于担当的勇气和责任心。

监测总站成立之初，与环境科学研究院一并落址在北京朝阳区大羊坊。这里曾是六机部属下一个农场的所在地。偌大的院子里散落着几间平房，院子周边被一片片农田包围，京郊荒野，空旷而冷清。连接市区的 358 路郊区车是途经大羊坊的唯一公交车，而且到晚上 9 点就收车了。

地处偏远，交通不便，办公条件更是艰苦。魏复盛回忆说，建站初期，各种条件都很差，几排简易的活动木板房，白天当办公室，夜晚当宿舍。冬季天寒地冻，板房不保温，屋里特别冷，连水龙头都会被冻住；到了夏天，板房不隔热，太阳一晒，屋里特别热，加之蚊虫叮咬，比冬天还要难熬。尽管条件艰苦，但对魏复盛来说，在任何情况下，工作是不能耽误的。他面对这份热爱的事业，凭借在中国科大实验室工作的坚实基础和经验，担当起主任职责，满腔热忱地带领着分析室的同事投入各项工作中。

实验室、仪器设备是监测分析的基础设施，也是开启研究的硬件条件。监测总站成立初期，从国外进口了一批实验仪器。当时监测总站还没有实验室，原计划借用其他单位的实验室放置这些仪器并进行测试验收，并商定在这期间双方都可以使用这些仪器做实验。等监测总站实验室建好之后，再将仪器搬回。但是魏复盛凭着在实验室工作十多年的经历，提出了自己的想法。

“不要等，一定要抓住时机开展实验，否则等实验室建好之后再开始，那又会过去两三年，不仅失去了宝贵的时间，也会错过对人才的培养。”魏复盛既有经验也有担当，跟站领导建议：“在监测总站建设简易实验室测试验收这些实验仪器！”他说道，“我们对现在的木板房进行一些改造，砌个水泥台当实验台，台子上再搭出架子放置各种实验试剂和药品，重新连接上水管和排水管，增加供电，安装通风设备，这样就可以开始做实验了。虽然条件简陋一点儿，但好处是：第一，把我们的人培养起来了，通过对实验室仪器的验收，能够熟悉这些仪器的使用方法和操作方法；第二，我们还可以在这个基础上开展一些监测分析方法的研究和分析方法的验证，并且建立一些方法，缩小我们总站跟地方监测站业务上的差距，我们还可以承担一些课题。

这样做既赢得了时间又打下了工作的基础，将来实验大楼一建成，把验收好的仪器搬进去，环境监测分析工作就可以马上步入正轨。”①

站领导听取了他的建议。这样，从监测总站的领导到普通员工，大家都行动起来，情绪高昂，干劲十足，以主人翁精神艰苦奋斗，边建设边学习，目的只有一个，就是快点儿再快点儿，让监测总站的工作尽快开展起来。大家齐心协力，顺利建好简易实验室，仪器设备安装到位，测试验收顺利完成。在被大家称作“外粗内秀”的临时实验室里，魏复盛胸有成竹地与分析室人员一同，开始承担起了监测技术、分析方法以及方法验证的实验研究。

图 3.1　1988 年建站初期，魏复盛（右）与同事们一起聚餐

当时，监测总站人员来自四面八方，有与魏复盛一样从各地方科研院所和大专院校调入进京的同龄人，有从化工企业等单位调来的技术员，还有一些刚参加工作的大学毕业生，真正接触过环保工作的人很少，尤其对环境监测工作更是一无所知。魏复盛以他所具有的分析化学专业储备、从事教师工作的责任心和经验带领大家一起边学习边工作。

① 魏复盛访谈，2019 年 3 月 12 日，中国环境监测总站。

当年大学毕业刚进入监测总站工作，而现在已退休的业务骨干刘方研究员回忆道："当时分析室的魏复盛主任有计划地组织分析室和管理室的年轻同志，结合所从事的分析和标准样品研制的具体工作，进行分析测试技术的培训。"①后来成为环境监测质量管理专家的池靖，对时任分析主任的魏复盛给予的鼓励和支持深有感触，她说："我当时大学毕业来到总站工作已经有一年多的时间了，一直忙忙碌碌做着各种事务性的工作，其中工作量大且比较繁杂的是整理存放在监测总站这里的各种技术资料和文件。我认真地将其分门别类地整理出来，并建好档，以便于检索查阅。但在工作中感到有些困惑和茫然，因为很想从事一些实质性的、技术性的业务工作。在一次打开水时，遇到了魏老师。他很关切地跟我说，像你这样刚毕业的，还是应该从基础的业务做起，否则都是空的，别人说的事情，你只能看到表面，没有深入的认识。当时，我很忐忑地问他，那么现在我能去您那里吗？魏老师直率地说，只要你提出要求就能来。这样，我就鼓足勇气提出申请，调换工作岗位加入了分析室，跟着魏老师开始在实验室工作。参加课题研究，在实验室作粮食、农药调查中样品的前处理，等等。在实验室的实际操作试验和分析工作为我以后的工作打下了坚实的基础，我跟着魏老师参加了水和废水监测分析方法的研究课题并获奖，晋升了高级职称，业务能力有了很大提升，在工作中我能够独当一面。很感谢他当初的鼓励，成就了我的理想，实现了自我价值。再后来我专职从事质量管理工作，由于有在实验室工作的经历和经验，使我在工作中底气足，能准确地查疑纠错，做到严格审核、严格进行质量管理。"②

环境调查是环境监测工作的重要组成部分，是环境监测工

① 刘方访谈，2020 年 5 月 20 日，中国环境监测总站。
② 池靖访谈，2020 年 6 月 12 日，中国环境监测总站。

作的前沿。从20世纪80年代初开始，我国先后在全国范围内开展了多项环境调查，例如，全国工业污染源调查、全国粮食中有机农药残留调查、全国环境背景值调查、全国酸雨调查等。监测总站在“木板房”时代就承担起了这些国家重大环境课题，并且取得了优异的成绩。魏复盛作为初到监测总站的一员，很荣幸地参与其中。虽然是在木板房简陋的实验室里，但魏复盛带领的团队以严谨的科学态度和实事求是的作风，为课题的研究验证了大量的分析数据。

图3.2　1989年，纪念中国环境监测总站建站十周年，监测总站部分同事的合影（前排左二魏复盛，左三程滨，左四柴文琦）

1984年，监测总站牵头实施的“全国主要粮食（稻米、小麦、玉米）中有机氯农药残留调查”课题，仅用8个月的时间，调查范围遍及28个省、自治区和直辖市的679个县，调查的粮食统计量占1983年全国粮食总产量的77.7%，取得了5万余个数据，首次掌握了我国小麦、玉米、稻谷等农药（六六六、滴滴涕）残留水平，总体上查清了1983年粮食受农药污染的状况，为国家决策提供准确的数据，此后，国家出台政策决定停止生产和使用六六六和滴滴涕。这项研究成果获得了1985年国家科技进步奖二等奖，这是监测总站建站后牵头承担的第二个国家项目，参加课题研究的有刘培哲、江孝绰、魏复盛、程秉珂、蒋德珍、陈赋杏、池靖、王承嫱、吴淑岱、刘志虹、周波、王海。魏复盛带领的团队做了大量的基础性支持工作，对环境样品和粮食样品中有机氯农药监测分析方法进行验证，以保证监测分析数据准确、有效。

在条件简陋的木板房实验室里，魏复盛脚踏实地地操作着日常的分析实验工作。他以勤勉和实干精神带动大家一起努力奋斗，为监测总站的事业发展奠定了坚实的基础。1984年，在时任站长柴文琦的推荐下，魏复盛承担了环境保护局委派的一项课题任务，这也是他们分析室承接的第一个科研项目。

当时正值“六五”时期，我国经济快速发展，特别是在乡镇企业的崛起和飞速发展同时，环境污染和破坏接踵而至，面临的环境问题日益严峻，我国也成为世界上污染物排放量最多的国家之一。据当时的资料统计，1982年废气中污染物排放总量约为4 100万吨，其中二氧化硫1 200多万吨、氮氧化物400多万吨、烟尘1 400多万吨、氟化物6万多吨。大气污染严重，全国城市的降尘和颗粒物全部超标，酸雨区逐年扩大。1982年全国废水排放量约310亿吨，其中工业废水约240亿吨，占77.2%。江河湖泊等水域的水质不断下降，全国大江大河的干流有12.7%受到了污染，支流有55%受到了污染。工业废渣积存量也越来越大，年排渣约4亿吨，特别是含六价铬等重金属废渣和放射性废渣，没有得到有效的处置。乡镇企业的“三废”排放量已占全国总排放量的1/10，特别是工业明令禁止的小电镀、小造纸、土硫黄、土焦窑等“五小”企业仍在不断发展。

由此，防治工业污染的管理工作愈加重要，责任也愈加重大。要有效地实施管理就得有科学的管理制度和管理措施，而制定和实施有效的污染防治措施就需要构建科学的、可操作的技术支撑体系。在这样的背景下，魏复盛承担了国家环保局委派的课题，要求在一年内制定出“工业固体废物有害特性鉴别与监测分析方法”。如何在很短的时间内拿出一套较为成熟的技术规程？魏复盛一开始并没有急于投入具体的研究，而是开动脑筋先做前期调查。他了解到清华大学有教师做过这方面的工作，有一些基础，工业部门又与这项工作关系密切。因此，他决定与这方面的专家合作成立项目组，在前期工作的基础上，编写出“工业固体废物采样和监测方法”“工业固体废物有害特性鉴别”草案文本（包括腐蚀性、易燃性、易爆性、浸出毒性等方法），组织地方监测站依照文本进行方法验证。这样紧锣密鼓地工作，一年的时间很快过去，研究课题如期完成。

对这些汇集了研究者辛勤工作的课题成果，魏复盛并没有以完成和上报为结束。他组织课题参与人员，对成果材料进行整理提炼，编写成《工业固体废物有害特性试验与监测分析方法》（试行）一书出版，作为指导实际工作的技术规程，为固体废物的污染调查、固体废物有害特性鉴别与监测工作奠定了基础。

完成了这项课题研究后，魏复盛考虑到国内对固体废物评价试验、科研监测和监督管理工作的需求，加上当时这方面的工作基础比较薄弱，学习和借鉴发达国家的先进技术实为快速易行的捷径。因此，经过一段时间的酝酿，根据吴鹏鸣[1]先生的建议，魏复盛组织了监测总站、北京市环境监测中心和中科院生态环境研究中心的有关专家，对美国环境保护局为实施《资源保护及回收法》而编制的一系列有关固体废物的监测方法进

① 吴鹏鸣，时任北京市环境监测中心副站长、总工程师、高级工程师。

行收集整理，编译出版了《固体废物试验分析评价手册》，提供给国内的科研人员学习参考，结合我国国情对这些技术方法做深入的研究和验证，逐步建立和完善适合我国的固体废物监测技术方法体系。此后，监测总站的齐文启博士和王素芳研究员继续了这方面的研究，丰富了多个监测项目和分析方法，其中一部分已成为国家标准方法。

1973 年召开的第一次全国环境保护会议，启动了全国的环境保护工作。重点城市相继建立了环境监测站，并且开展了一些环境污染调查和区域环境质量评价工作。到 1980 年，监测总站成立之时，全国已有 20 多个省市级地方环境监测站，一些地方站的仪器设备以及监测能力都远超监测总站。但是这些地方级监测站远远不能适应国家环保事业发展的需要，在国家层面上，亟须一个能引领全国监测技术建设与发展，指导全国环境监测业务工作的机构；亟须有统一的监测技术、方法、规范，面向国家环境管理，为政府决策提供支持，还需要对监测人员进行技术培训，确保监测数据的准确、可靠。魏复盛对自己倾注全力的事业的认识是“国家环境保护的迫切需要催生了中国环境监测总站”。国家赋予了监测总站地位、职能和责任，如何成为全国环境监测的“排头兵”和“领头羊”？如何“健身强体”，对全国环境监测技术体系起到“统领”的作用？如何组织指导全国环境监测“一盘棋”？

此时，寄予监测总站期望和职责的呼声越来越高，监测总站应该牵头把全国的监测方法做出来，有很多项目还缺乏统一的方法，缺乏标准的方法。环境监测工作是在不同地区、不同行业，由不同的监测站在不同的时间和地点实施的，如何能确保监测数据的完整性、准确性、代表性、可比性和公正性，是至关重要的。因此，开展环境监测方法建设的专题研究势在必行。监测总站领导柴文琦和刘培哲决定，派魏复盛和王素芳展开调研。这样，他们前往北京、武汉、南京、杭州等地，走访成立比较早的地方环境监测站，听取当地专家的意见，调查了解各地应用环境监测分析方法的现状、存在的问题及未来发展的需求。

魏复盛认为，无论是在环保工作起步时，还是在深入研究污染成因时，还是在发现环境介质中出现新的污染物以及判断环境受污染的程度时，首先需要的就是监测分析方法，一如要过河就需要解决桥的问题，监测分析方法就是桥。他坚定地说："为什么说监测方法重要？你说有污染了，那么，是什么污染呢？污染到什么程度了？污染的范围有多大？你采用什么办法来获得准确的数据？首要的问题是解决分析测定方法，否则无法调查，也无法拿出可靠的数据，在环保工作起步的时候，第一步就是做环境现状调查，而这些都需要从分析方法入手。"①

魏复盛
在"六五"国家环保科技攻关
项目研究中成绩显著予以表彰
国家环境保护局
一九八六年十一月

图 3.3　1986 年，国家环境保护局对魏复盛在"六五"国家环保科技攻关项目研究中成绩显著给予表彰

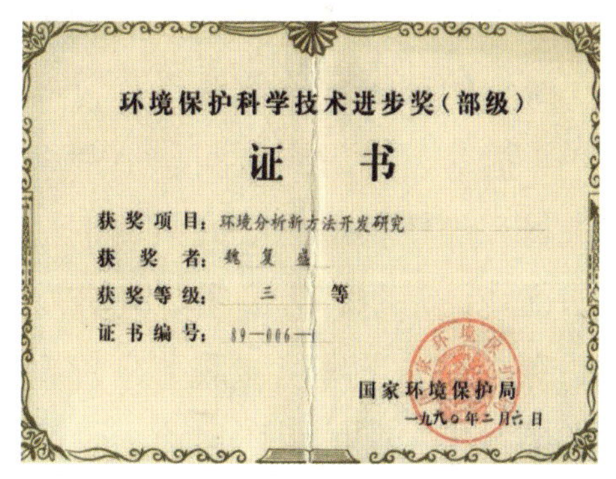
环境保护科学技术进步奖（部级）
证　书
获奖项目：环境分析新方法开发研究
获奖者：魏复盛
获奖等级：三　等
证书编号：89—006—1
国家环境保护局
一九九〇年二月六日

图 3.4　1990 年，魏复盛主持的环境分析新方法开发研究课题获得环境保护科学技术进步奖（部级）三等奖

调研回来后，魏复盛没有因现实存在的困难和缺乏技术优势而畏难。他写了一份调查报告，大致有两点建议：

① 魏复盛访谈，2019 年 3 月 18 日，中国环境监测总站。

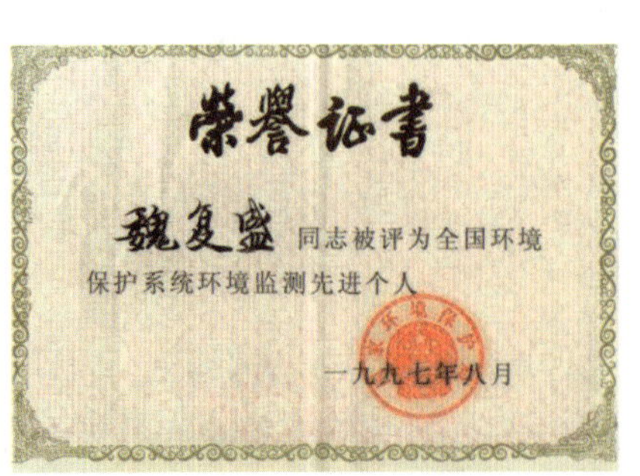
荣誉证书

魏复盛 同志被评为全国环境保护系统环境监测先进个人

一九九七年八月

图 3.5 1997 年，魏复盛被评为全国环境保护系统环境监测先进个人

荣誉证书

魏复盛 同志荣获中国环境科学学会第三届“优秀科技工作者奖”。望再接再厉，为环境保护事业再创佳绩。

一九九九年十二月二十六日

图 3.6 1999 年，魏复盛荣获环境科学学会优秀科技工作者奖

第一，在原有工作基础上做整合，按照环境要素建立监测技术方法体系。因为环境要素与污染源排放的污染物是相对应的，如“水和废水”之间有内在的联系，并且相互影响；环境空气会受废气排放的影响。但是，测算它们的计量单位、计算方法是一致的，所以放在一起是比较科学的。这也就是监测环境的方法与监测污染源的方法是互通的，环境中的水、气、土这 3 个最基本的环境要素，与受污染了的废水、废气、废渣等污染物包含的元素是互通的，计量、计算和在实验室分析它们的技术方法是相同的。因此，以“水和废水”“空气和废气”及“土壤与固废”为框架，按环境要素建立统一的分析方法体系，有利于环境监测工作的深入发展。

第二，考虑到监测总站刚成立不久，技术实力不够强，在人员和经费都很有限的情况下，应该借助监测总站体制和机制的优势，组织各方力量，充分发挥各方的聪明才智。由监测总站牵头，动员环境监测、高校、科研院所及相关行业监测科技人员，集全国的科研监测力量开展监测方法的研究优选，对方法统一验证、实施标准化。

对于构建环境监测分析方法技术体系的研究工作，监测总站领导召集各室主任讨论魏复盛提出的思路和建议，大家一致肯定了他的思路，觉得他的建议非常好。

魏复盛自从1983年进入中国环境监测总站工作，至今已经40个年头，他是中国环境监测总站乃至环境监测系统不断发展壮大的见证者、亲历者，更是建设者。他带领监测总站的同事们在板房中搭建起监测分析实验室，克服各种困难，承担了多项国家和省部级研究课题并取得了丰硕的成果。

1985年，魏复盛主持水和废水分析方法协作组会议

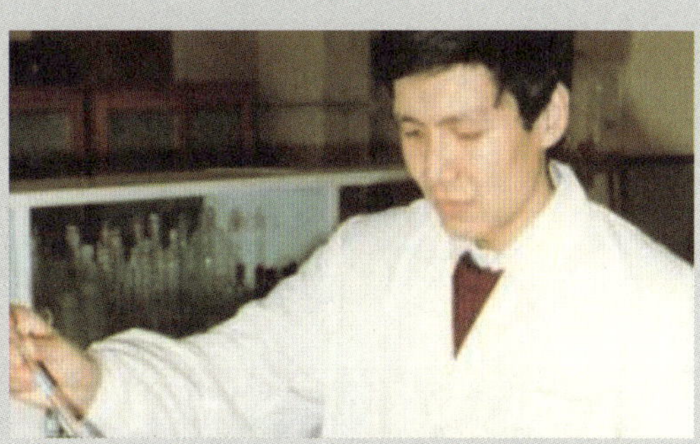

同事刘方在实验室进行比色实验

分析室的同事在板房实验室中做实验

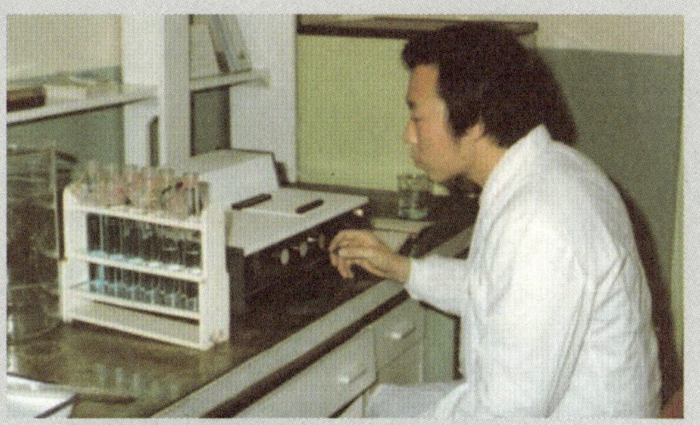

同事田文操作分光光度计

1980年，建站初期的板房实验室

1988年，监测总站与中国环境科学院研究院共用实验楼

1997年，监测总站与中日友好环境保护中心共用实验楼

2008年，监测总站搬入新的办公实验大楼

中国环境监测总站的实验室硬件设施一步步更新升级，从建站初期的板房实验室，到与中国环境科学研究院和中日友好环境保护中心共用办公室和实验室，再到监测总站大楼落成，有了宽敞明亮的办公环境以及设备先进和仪器精良的实验室，无论工作环境和实验条件如何变化，魏复盛始终会身着白大褂穿梭在实验室中。四十年过去了，他的满头乌发已经变白，他依然坚持站在实验台旁，一丝不苟地审视着试验环节及仪表数据，指导年轻的技术人员，认真严格而又谦和耐心地传道授业、答疑解惑。

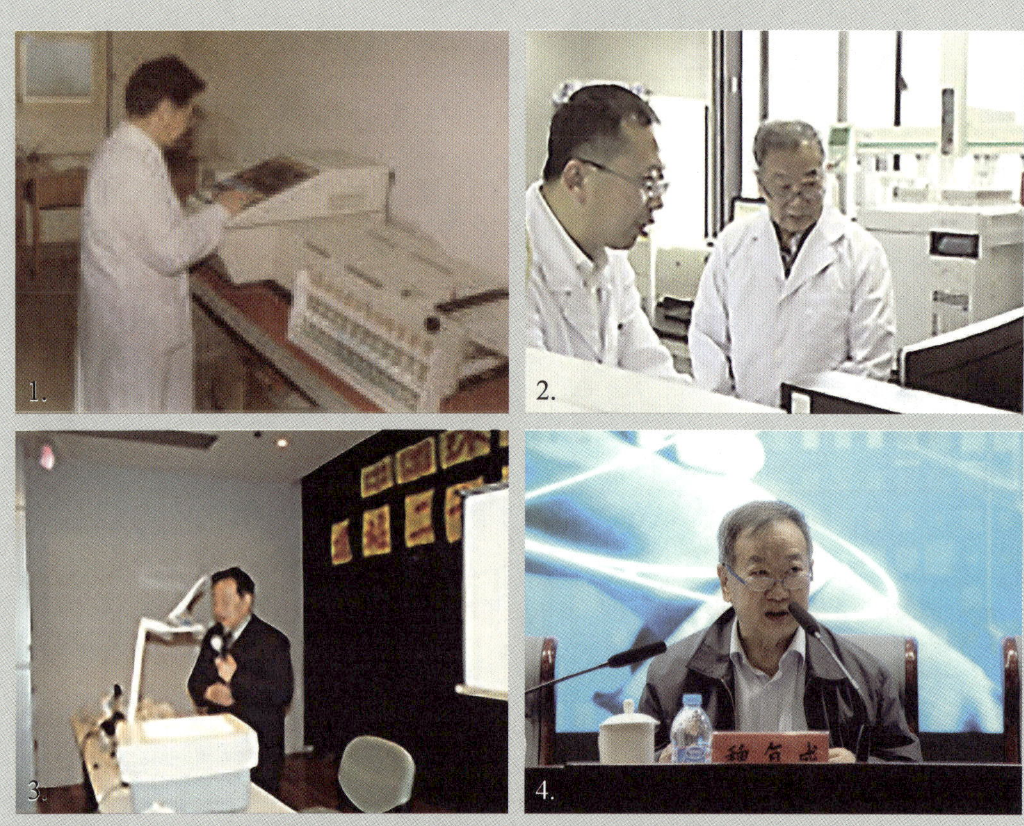

1. 1989 年，魏复盛在实验室进行实验
2. 2019 年，魏复盛在实验室与分析室主任袁懋研讨实验结果
3. 魏复盛在监测总站 20 周年学术研讨会上做主旨报告
4. 魏复盛在监测总站 40 周年首席科学家签约仪式上为全站同事做讲座

2. 以“水环境要素”先行，构建环境监测分析方法体系

1985年初，魏复盛担任监测总站副站长，最先启动的是“水和废水监测分析方法”的研制工作。魏复盛负责组织各地方和各行业的环境监测单位合作研究，最棘手的问题是有项目但没有钱，没有经费支持。然而，大家的积极性很高，都愿意参加这项工作。魏复盛就想办法，根据参加中科院和卫生系统科研的工作经验，他提出：“成立协作组，把任务分解。一个单位在协作组接受了任务，就要完成从方法研究到方法验证的全部工作，再将方法编写出来。虽然是自己单位出钱来做某项技术并为协作组贡献出一个或两个方法，但回过头来，可以从协作组拿回去几十甚至上百个分析方法，这样对本单位的工作会大有促进，成果共享对大家都有好处，都有帮助。”[①]这样一来很多单位都积极主动地参与这项工作，并且自己出经费，还希望能从协作组多领回一些任务。

1985年4月，在西安召开了科研协作组的第一次会议，明确了“组织起来，团结协作，大家出力，共享成果”的工作方针，经协商成立了科研协作技术核心组，由监测总站任组长，北京市环境监测中心和中国科学院环境化学研究所任副组长，杭州市环境监测站、化工部北京化工研究院环境保护所、中国预防医学科学院环境卫生与卫生工程研究所、轻工业部环境保护科研所为成员单位。魏复盛作为组长单位的牵头负责人，很重视技术核心组在这项研制工作中的作用。他谦虚地说：“我刚刚进入环保领域，对各地方站的情况不太了解，对前面的有些工作不是很熟悉，成

① 魏复盛访谈，2019年3月12日，中国环境监测总站。

立协作组并聘请一些专家，可以把各地方有基础、有实力的监测站团结进来，把工业部门的人团结进来，一个是发挥地方各级监测站的作用，另一个是发挥领军人才的作用。”①

图3.7 1985年，在西安召开水和废水分析监测方法协作组专家会议（前排右二寇洪茹、右四魏复盛、右五刘全义、右七洪水皆）

在1980年以前，先于监测总站成立的各地方省市级的环境监测站，根据当时环境保护工作的需要，纷纷开始了环境监测调查工作。工作中应用的环境监测技术方法等，基本延续原卫生防疫系统制定的规则，或者参考美国环境保护局的技术方法和有关规定。当时以围绕污染防治工作为重点，国务院环境保护领导小组（简称国环办）发布了《环境监测分析方法（试行）》。1981年国环办发文，委托监测总站组织全国工业、卫生部门和环境监测系统的20多个单位，共同编写了《污染源统一监测分析方法》；两年后完成了《污染源统一监测分析方法（废水部分）》，汇集了30项63个方法；完成《污染源统一监测分析方

① 魏复盛访谈，2019年3月12日，中国环境监测总站。

法（废气部分）》，汇集了 18 项 34 个方法。魏复盛带领科研协作组，经过对前期已有的监测分析方法体系的梳理和分析，确定了下一步的研究工作是再新增加 33 个污染物项目，以及新增加 70 余个监测分析方法。

以“组织起来、团结协作、大家出力、共享成果”这个工作方针为指引，通过全国百余家环境监测、科研院所及相关行业单位的监测人员和科技人员的团结协作和共同努力，从方法研究优选开始，经过一年多的时间，提出了监测分析方法研究报告 90 余篇，经技术核心组审定，筛选出 61 篇论文，编辑出版了《水和废水监测分析方法研究报告集》。大家优势互补、成果共享，秉承着“有贡献、有体现、尊重知识、尊重人才、尊重劳动成果”的理念，在魏复盛带领下，“水和废水监测分析方法”的研制工作日渐深入。1986 年 5 月，在南京召开了科研协作组第二次扩大会，总结交流了各单位的科研成果，布置了这批新增项目和方法的验证及适用性检验工作，全国有 121 个单位和数百位监测技术人员参与了实验验证和实用性检验，参加方法验证工作的单位做了大量工作，获得了许多宝贵的信息和数据。时间和实践都可以证明，正是有了明确的工作方针，监测总站一步步打牢了技术基础，培养了一批技术骨干，其自身的能力和水平也不断提高，不仅在环境监测与科研院所之间架起了一座桥梁，同时也使监测总站的工作格局发生了变化，赢得了各地方站、各相关专业科研院所的信赖和支持。

1984 年 10 月，在青海省西宁市召开的全国第三次环境监测工作会议上，明确提出了“监测点位网络化、采样布点规范化、分析方法标准化、数据处理计算机化、质量保证系统化”的环境监测体系建设的工作目标。由此，“七五”时期将分析方法标准化作为环境监测技术体系建设的重要内容。分析方法的标准化包括两个方面，一是建立统一的分析方法，提高全国环境监测数据的可比性；二是统一的方法经过实践论证后上升为国家标准。

因此，在“水和废水监测分析方法”的研制、优选和实用性验证的工作进程中，魏复盛认为应抓住机会，在现有的基础上，可以进一步编制水质分析方法的标准。编制标准的工作很重要，而当时编制一个标准方法至少需要 1 万元经费，项目组拿不出那么多钱。最后，魏复盛决定，还是先把工作推动起来，因为现在协作组的成员单位不仅有各地方监测站，还有来自化工、军工、轻工等行业部门的监测技术人员，而且技术核心组的专家也都是很有实践经验的。这样，魏复盛通过召开会议、组织培训，将做过组织方法验证的负责人列为标准方法的起草人，对已有的监测分析方法，在优选与验证的基础上，按照标准化格式和标准化程序，完成了 20 多个标准方法的编制。1986 年年底，国家环保局在南宁召开水质分析标准审议会，审议通过了由此制定的 29 项水质分析方法标准。

图 3.8　1987 年北京，科研协作组主要专家（左起：寇洪茹、洪水皆、张烈文、魏复盛、王淑芳、沈叔平、冷文宣）

1987 年 5 月，在北京召开科研协作组第三次会议，对方法验证进行了评价和总结。

魏复盛不仅对工作认真负责，而且勤于积累，善于总结，他认为每做一项工作都应该留下书面记录，把成果和经验及时归纳总结出来。他常常对研究生说，工作和任务是一项接着一项的，不要以没有时间为由，等着有空了再做总结。对每项工作的归纳和记录就要趁热打铁，及时总结经验教训才会不断进步。

科研协作组的第三次会议总结了前期的工作，并且根据国家环保局的指示精神，开启并分工落实了《水和废水监测分析方法》一书的编写任务，同时成立了编委会。

对水和废水的监测分析方法，在前人工作的基础上，依靠广大监测科研人员不懈的努力，加上这几年分析方法及其体系构建的研究和实践，积累了一些经验，但是编制我国统一的环境监测分析方法的历史还很短，距离我国环境管理的需要和国际先进水平差距还很大。因此，对魏复盛来说，担任《水和废水监测分析方法》一书的主编，不仅工作量大而且责任重大。一是要确立书稿的架构；二是要对书稿进行反复的审阅和修改。魏复盛要负责组织编委审核编写质量、监督编写进度和对全书的统稿，要负责组织监测总站参与书稿编写工作的同志对全书进行定稿整理和编排。

魏复盛介绍编写工作时说："《水和废水监测分析方法》一书被明确定为第三版，是尊重历史，尊重科研人员做过的工作。第一版可以说是洪水皆等前辈做的奠基性工作，由国务院环境保护领导小组办公室（简称国环办）在 1980 年 5 月颁布的《环境监测标准分析方法（试行）》；第二版是由城乡建设环境保护部环境保护局委托北京市环境保护监测中心及中国科学院环境化学研究所等组织编写，在 1983 年 3 月出版的《环境监测分析方法》。”[1]

图 3.9　1987 年，北京市监测中心召开监测方法成果鉴定会（左梁树权，中魏复盛）

图 3.10　1988 年，魏复盛在北京主持标准样品鉴定会

魏复盛代表编委会在他所执笔的第三版编写说明中这样写道：“本书是《环境监测分析方法》（水质部分）和《污染源统一监测分析方法》（废水部分）的继续和发展，是以这两部分为基础编制的第三版。把全国广大科研监测工作者经过反复和大量实践证明是好的和适用的方法全部保留下来，并尽可能把获得的新经验补充进去；对已有的监测项目补充了一些新方法，使这些项目或因浓度不同，或因干扰物的不同，有与之相适应的方法。”这是编写此书侧重的第一个方面。关于第二个方面，他说：“根据我国国情，并与国际标准化组织（ISO）的标准方法相协调的原则，近几年已经制订，且还将继续制订一批水质分析方法的国家标准。本书首先选编了这些方法，把水质分析方法标准化的成果吸收过来，

① 魏复盛访谈，2019 年 3 月 12 日，中国环境监测总站。

使这本书和国家的水质标准分析方法协调一致，以便这些方法能更好地贯彻执行。此书的特点是增加了较多的新项目和新方法，其内容和篇幅比原书增加了一倍以上。在选取项目时，不仅注意了已有的水质标准，还考虑了有废水排放标准而尚无与之配套的监测方法项目以及急需的监测项目。特别增加了过去比较薄弱的有机污染物、底质和水生生物监测项目。在优选监测方法时充分注意吸取国内外水质监测的新方法和新技术，并考虑了有关方法的适用性。

1989 年 5 月，《水和废水监测分析方法》（第三版）出版。这一版新增 54 个监测项目，120 个监测方法，还增加了水域底质重金属、有机氯农药的监测，增加了水的生物监测方法，还补充了不少新技术，有较大的进步。这本书是全国多行业监测部门大协作的成果，凝

图 3.11　1988 年，魏复盛在全国水环境背景值质控技术协调会上讲课

图 3.12　1989 年，魏复盛在济南讲课

聚了环境保护和各行业部门环境监测、科研机构以及大专院校等 121 个单位、数百位科技人员三年多的研究验证、实践经验和智慧。此书出版发行后，在全国环境保护系统以及企事业单位产生了广泛的影响，成为各环境监测单位员工入职必备的工具书。

魏复盛常常说“处处留心皆学问”。在担任这本书的主编，主持整个书稿编写工作的过程中，他一直在思考，如何搭建理论和应用之间的桥梁。这本关于监测分析方法的书，编写的是分析操作规程，并没讲多少理论，相关的背景资料介绍的也不多。要使从事实际工作的技术人员不仅懂得“照方抓药”，还能把握如何抓、如何配方及掌握好实验“火候”，使获得的监测数据科学准确可比，促使他们不断地提升自身的技术水平，提高业务能力。对此，魏复盛认为，应该配合这本经常使用的工具书，再给全国的监测技术人员多提供一些将应用实践与理论相结合的书籍，对监测方法研究的进展，污染物的来源及危害，所选方法的依据，方法的原理，影响实验结果的关键因素，边界实验条件，存在的干扰及消除方法，方法的适用范围，质量保证与质量控制，实验结果能达到的灵敏度、精密度、准确度等，进行更深入、更详细的阐述和分析讲解，帮助技术人员了解方法的背景和新技术、新方法的发展，扩大知识视野，提高业务素质，做到知其然，还要知其所以然。

按照这样的构思，魏复盛组织一些既有理论修养，又有丰富实践经验的专家，编著了《水和废水监测分析方法指南》，分为上、中、下三册，先后于 1989 年、1993 年、1996 年出版，受到广大环境监测人员的欢迎。

环境监测是开展环境管理和科学研究的基础，也是环境保护技术体系的重要组成部分。它既为了解环境质量状况、评价环境质量提供信息，也为制定各项管理措施、制订环境保护法规条例及其实施提供科学依据。因此环境监测的方法是不断完善和发展的，魏复盛组织编著的《水和废水监测分析方法指南》上、中、下三册书，充分反映了环境监测分析方法的发展进程。

图 3.13　水和废水监测分析方法指南（上、中、下册）

在 1989 年和 1993 年先后出版了《水和废水监测分析方法指南》上册和中册之后，编委会经常收到读者的来信，他们针对实际工作中遇到的问题或是请教，或是咨询，或是探讨，也会不断询问下册何时能出版，可见这本方法指南起到了指导工作和启发思想的作用，受到全国广大环境监测人员的欢迎。

1995 年，在组织编写下册期间，国家环境保护局颁布的废水综合排放标准 69 个项目中有 40 个项目是关于有机污染物的，与过去的标准相比有机污染物项目增加了很多。因此，在组织指南下册的编写时，魏复盛特别邀请有机污染物分析专家徐晓白[①]院士、闫吉昌[②]教授参与，他们都贡献了宝贵的经验。

魏复盛在该书的编写说明中谈道："国际上对环境中有毒有害有机污染物的高度重视，使得有机污染物的监测分析技术已获得了很大的发展，取得了巨大的成就。美国环境保护局已制定了有机污染物监测分析系列化的方法，如饮用水有机污染物监测 500 系列的方法，包括 60 余种有机污染物；工业和市政废

① 徐晓白，环境化学家，1995 年当选为中国科学院院士。
② 闫吉昌，分析化学家，东北师范大学教授。

水有机污染物600系列的方法，包括优先控制有机污染物114种；固体废物试验评价8000系列的方法，以及空气中有毒有机化合物测定方法（包括方法T01～T14）。美国1990年颁布《1990清洁空气法修正案》，要重点控制的189种污染物中有175种有机污染物，这些有机物的分析方法正在制订中。气相色谱、高效液相色谱、色谱-质谱、红外光谱、荧光光谱等分析测试技术已广泛应用于常规监测之中，对挥发性和半挥发性有机化合物，酚类，酞酸酯类，硝基苯类，醛、酮类，苯胺类，有机氯农药，有机磷农药，多环芳烃类，多氯联苯类等进行了广泛的调查研究，并对各环境要素开展了例行监测。有的污染物质虽然浓度很低，污染范围很小，但由于它们具有致畸、致突变和致癌的危险性，为了保障人们的身体健康，这些污染物仍然受到极大重视。各国已经或正在制订控制其污染的严格标准限制。”

“因此我们编著的指南下册把有机污染物的监测分析技术作为重点。根据近几年科研监测积累的经验，又考虑广大基层站的工作人员对有机污染物的监测技术尚不够熟悉的现实情况，对有机物分析方法学和一些专门技术作了深入浅出的论述，对某些特异的有机污染物的采样分析方法作了较详细的介绍。还对近十几年发展起来的原子荧光和流动注射技术及其应用作了专门的论述。全书有20章，分两个部分。第一部分是方法学部分，有色谱-质谱、红外光谱、荧光分光、氢化物发生原子荧光、流动注射分析。分析有机物的色谱柱、有机污染物的采样、分离、富集等。第二部分是特异污染物的监测分析技术，包括酚类化合物、苯胺类、酞酸酯类、苯系物、有机氯农药、有机磷农药、多环芳烃、多氯联苯、石油类和动植物油、铍、铊和元素磷。”①

① 魏复盛，徐晓白，阎吉昌，等. 水和废水监测分析方法指南（下册）. 北京：中国环境科学出版社，1997.

现在已是云南省生态环境监测中心主任的施择说：“我是云南大学化学系学分析化学的，1988 年毕业来到监测站工作。《水和废水监测分析方法》这本书对我的影响很大，在入职工作的头十年打基础时，一直伴随着指导我的工作，在实际操作中可以‘照方抓药’。关键是这本书比较系统，也比较全面，讲的是工作入门的基础。而《水和废水监测分析方法指南》这套书，在监测实践中遇到技术困难时，在做项目监测和技术方法研究时，可以从中学到许多相关的知识，获得许多的重要信息，并启发自己积极地思考，在实际工作中敢于探索，由此使自己的学识、技术水平、工作能力都在不断地提高。”①

1998 年，魏复盛组织编写的《水和废水监测分析方法》（第三版）以及《水和废水监测分析方法指南》上、中、下三册获得了部级科技进步奖二等奖。

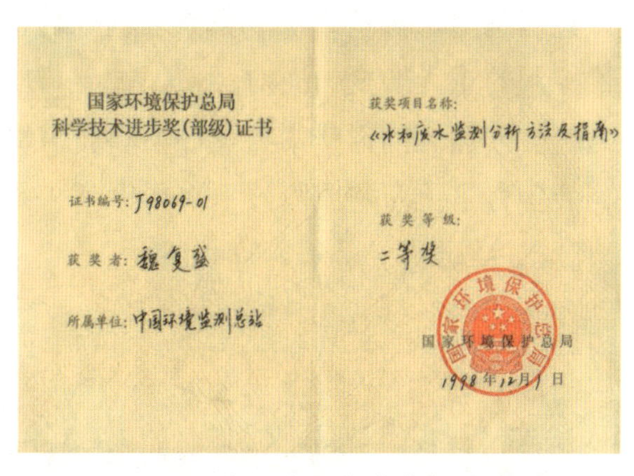

国家环境保护总局
科学技术进步奖(部级)证书

证书编号：J98069-01

获奖者：魏复盛

所属单位：中国环境监测总站

获奖项目名称：
《水和废水监测分析方法及指南》

获奖等级：
二等奖

国家环境保护总局
1998 年 12 月 1 日

图 3.14　1998 年“水和废水监测分析方法及指南”项目荣获国家环境保护总局科学技术进步奖（部级）二等奖

魏复盛认为，环境监测方法体系的构建和监测方法的完善是一个长期的持续过程，没有完成时，只有进行时。而且他常常说，对待工作不怕慢就怕站，站着不动就会落后。新的化学品或替代品不断地开发并生产出来，推向市场，就会形成新的污染因子，就要跟踪监测和研究。技术及分析方法要不断地更新，要把最新的成果用在环境监测中，要找出污染防治的办法，这是永远也干不完的。

① 施择访谈，2019 年 9 月 19 日，昆明，云南省生态环境监测中心。

编纂出版《水和废水监测分析方法》(第三版)时他就想到，随着环境保护工作的深入和发展，再经过几年实践和方法研究工作的积累以后，在内容上要做更新，要增加新方法，淘汰旧方法。

编制我国先进的、标准化和规范化的监测分析方法是一项长期的任务，需要科学研究的支撑和广大监测科技人员实际经验的积累。1999 年启动了《水和废水监测分析方法》(第三版)的修订工作，由魏复盛任主编、齐文启任副主编，此时，距第三版书的出版发行已过去了近 10 年。

从“八五”时期到“九五”时期的 10 年间，随着社会和经济的发展，我国的环境管理战略有了重要的转变，经历了由定性管理到定量管理，从单项治理到综合整治，从浓度控制到总量控制的重大转变。面对环境保护工作的不断深入，监督管理力度持续加大的形势需要，环境科研监测经验不断地积累，监测装备有了更新，监测技术水平也有了大幅的提高。

图 3.15　1993 年，在天津召开“海洋监测规范”国标审查会（前排左三魏复盛）

因此，《水和废水监测分析方法》(第三版)的修订，可以说是对过去十年监测科研工作、监测方法研究及监测方法标准化工作的科学总结，是全国监测科研人员辛勤劳动成果的结晶。

魏复盛组织编委会成员及编写人员多次开会研讨，经过不断的实践和总结，以帮助实际的监测技术人员更好地理解水质监测的目的、意义和对监测结果的判断与评价，确定了需要修订和增加补充的内容，主要侧重以下方面：一是水环境化学的基本知识；二是实验室的科学管理、计量认证和质量保证与质量控制的新经验和新方法；三是地表水和废水的自动监测技术及一些主要污染物排放总量监测技术。在无机污染物的监测方面，增加了等离子体发射光谱对 20 多种元素的分析应用，增加了原子荧光光谱在半金属分析方面的应用，扩大了离子色谱技术的应用范围。以较大的篇幅讲述了有毒有害有机污染物的分析技术，如用气相色谱-质谱联用仪（GC-MS）分析 VOCs 和 S-VOCs，以及氯酚类、有机氯农药、有机磷农药、PAHs、二噁英类、PCBs 类；用高效液相色谱仪（HPLC）分析 PAHs、苯胺类、酞酸酯类、酚类等；用离子色谱仪（IC）分析 AOX、TOX。在样品采集和预处理及净化方面进行了综合介绍和说明，并在进样方面采用吹脱捕集和顶空自动进样测定 VOCs 的方法；采用固相微萃取方法分离富集 S-VOCs 的方法。在生物监测方面增加了初级生产力、急性生物毒性测定及生物危害性测定与评价的方法。

图 3.16 《水和废水监测分析方法》第三版和第四版

2002 年《水和废水监测分析方法》（第四版）正式出版。第四版所增加的监测污染物的项目和监测分析方法较多，内容丰富，指导性强。第一个特点是，这一版将监测分析方法分为三类，即 A 类为标准方法、B 类为成熟的方法、C 类为试用的方法；第二个特点是增加了近 300 种有机污染物的监测分析，包括

GC-MS、GC、HPLC、IC 及有机污染物样品处理、预分离、富集等；第三个特点是增加了环境水质自动监测、污染物的在线连续监测系统；第四个特点是增加了实验室的认证管理和质量保证；第五个特点是增加了水生物初级生产力、急性生物毒性及生物危害性测定与评价方法。这本书多次加印，已经累计销售了近十万册，由此可见，其权威性和实用性在行业内的影响处于领先地位。

3. 构建空气和废气监测分析方法体系

对于“气”这个概念，人们会有很直观的反映和认识：“这里的空气很清新!”或者会说：“我喘不上气了!”这个“气”既看不见也摸不着，却是不可缺少的，是人类生存所必需的。然而，工厂生产会排放出大量的含有各种杂质的废气，就会造成空气污染。通常，在自然界中空气是流动的，受到污染的空气因气流的作用而产生扩散；但是也会因为特殊的逆温现象，气流静止不动，使空气中的污染物累积，浓度增加，出现局地的空气污染或者是区域性的大气污染现象。因此，对于“气环境要素”的提法，魏复盛经过反复推敲，认为以“空气和废气”的概念构建监测分析方法体系比较合理，并且便于监测技术的管理。

1985 年 11 月，在杭州召开了“空气和废气监测分析方法”科研协作组第一次会议。根据国家环境保护局的要求，由监测总站牵头，组织全国的监测力量，对原来发布的《环境监测分析方法》和《污染源统一监测分析方法》（废气部分）进行修订，在此基础上酝酿编写《空气和废气监测分析方法》（第三版）。会上确定了以监测总站为组长单位，中国预防医学科学院环境卫生与卫生工程研究所、北京市环境保护监测中心、上海市环境监测中心为副组长单位的技术核心组。与会的17个科研、监测单位参加了协作组，分工并落实了新增加的项目以及需要改进项目的科研任务。各协作单位经过两年多的辛勤工作和实践，总结提出了60余篇研究报告。

协作组于1987年12月在北京召开第二次会议，交流和讨论了这些科研成果。经技术核心组审核，筛选出50篇论文，编辑为“空气和废气监测分析方法研究报告集”，刊载于《中国环境监测》杂志1988年第3期。在这次会议上成立了《空气和废气监测分方法》一书的编写委员会，并且审核通过了《空气和废气监测分析方法》（第三版）的编写大纲。

图3.17　1988年，魏复盛参加《大气废气监测分析方法》审稿专家会（前排右二程秉珂、右三魏复盛）

魏复盛强调，这些监测分析方法是广大监测科研人员辛勤工作实践的成果，现在要通过这本书把它们系统地归纳总结出来，建立科学的方法体系，指导各行各业的科研监测人员运用这些方法进行实践操作，以资学习参考，帮助研究工作。因此，魏复盛组织编委会成员，认真地对书稿进行反复审核、修改，

1988 年 5 月在浙江建德县召开编委会议，着重对书稿中所述的重要监测技术进行了认真的讨论和审定；1989 年 3 月在北京又召开了部分编委参加的会议，对无机污染物、有机污染物、降水等部分内容进一步整理、审核，将 1985 年由监测总站组织全国 18 个监测科研单位编制、验证的《降水化学成分监测分析方法》共计 11 个项目 21 个方法编入第二篇，作为全国降水监测的统一方法。《空气和废气监测分析方法》（第三版）于 1990 年编写完成，书中包含了 80 个项目 149 个监测分析方法，特别增加了过去比较薄弱的有机污染物的监测分析方法。对新仪器、新技术如高效液相色谱、离子色谱、石墨炉原子吸收、新的光度法等广泛应用的实例作了详细的介绍。

进入 21 世纪，环境保护工作对空气、废气监测的领域不断扩大，关注的污染物更多，对监测的频次和自动化程度要求更高；同时各级监测站的仪器设备不断更新，全国监测科研积累了更多新经验。而《空气和废气监测分析方法》（第三版）已在全国应用了十多年，很难满足环保工作进一步发展的需要，因此急需对第三版书进行修订，这也是全国广大环境监测科技工作者的迫切愿望。

图 3.18　1998 年，魏复盛（前排左四）参加深圳市大气自动监测系统验收鉴定会

图 3.19　空气和废气监测分析方法

图 3.20　空气和废气监测分析方法指南（上、下册）

于是，由魏复盛任主编、滕恩江任副主编，开始了第四版的编制工作。先对原有的方法进行梳理、筛选、修订，再对新增加的方法反复推敲，使其既先进又实用，以实现监测方法的标准化和规范化。第四版中增加了许多新的内容，比如，增加了大气环境化学和监测的基本知识，以便监测技术人员更好地理解空气和废气监测的目的和意义。增加了质量保证和质量控制有关内容，尤其对采样技术与设备、标准气体的配置和仪器的校准进行了较系统的介绍。增加了空气地面自动监测系统、污染源连续在线监测系统、主要污染物的总量监测技术与方法。在监测项目方面，增加了对人体健康以及环境影响较大的污染物，尤其是有机污染物的监测。对无机污染物的监测，增加了原子荧光分光光度、离子色谱以及电感耦合等离子体原子发射光谱（ICP-AES）等高灵敏度、多元素同时分析技术与方法。对有机污染物的监测，增加了毛细管分离的气相色谱、液相色谱、GC-MS 等高分辨率、高灵敏度、多种污染物同时分析技术与方法。新增了无机和物理监测项目 20 多种，有机污染物 300 余种，监测分析方法 62 个。

《空气和废气监测分析方法》（第四版）中新增加了空气地面自动监测系统、有机污染物的监测技术与方法、烟尘烟气在线连续自动监测系统等内容，并且比较详细地阐述了操作步骤和注意事项。第四版着重于方法的叙述，没有详细讲述有关的原理和技术方面的知识，也没有提供污染物及监测分析方法研究的大量背景资料，比如污染物和监测方法研究的进展，方法的最佳适宜条件，干扰物的种类、容许量及消除方法，适用范围及某些实验关键技术的详细资料等。魏复盛在多年的实际工作中亲身体会到，掌握方法不仅要知其然，还要知其所以然。他将这些思考和经验汇集起来，约请在一线从事过相关项目的监测技术研究和实践工作的一些专家进行交流和讨论，大家一致认可了编写《空气和废气监测分析方法指南》的必要性和可行性，以作为《空气和废气监测分析方法》（第四版）的补充读物和重要参考书，目的在于扩大第一线监测技术人员和管理人员的知识视野，在监测实践中遇到技术困难时，手头有指南可以查阅和参考；在进行有关监测项目和技术方法研究时，可以从指南中获得相关的重要技术信息。监测技术和方法是实践性

图 3.21　2002 年，《水和废水、空气和废气监测分析方法》（第四版）编委会部分专家在北京合影（左四魏复盛）

很强的技术科学，《空气和废气监测分析方法指南》内容丰富，分为上、下两册，涵盖的许多监测分析方法都是从技术实践中总结出来的，为完善和充实环境监测分析方法体系提供了理论与实践应用相结合的学习工具。

2002 年出版的《水和废水监测分析方法》（第四版）和 2003 年出版的《空气和废气监测分析方法》（第四版），在全国广泛使用，成为业内科研技术人员实用的工作指导用书，获得了读者的好评。

在这些年中，我国的环境保护工作取得重要进展，但是环境形势依然严峻，尤其是在“十一五”期间，环境与发展的矛盾更为突出。环境监测作为环境保护工作中的重要组成部分，为制定科学严格的环境标准及规范，全面反映环境质量状况和变化趋势，提高环境保护的科学执法水平，提供了重要的保障。

图 3.22　2010 年，魏复盛受聘担任第 16 届广州亚运会空气质量保障会商专家

编制先进的、标准化和规范化的监测分析方法是一项长期的任务，随着环境保护工作不断深入、监督管理力度不断加大，以及监测技术的飞速发展，监测项目和分析方法需要不断更新和完善，许多常规项目采用传统的化学法、紫外-可见光吸收光谱法有逐步被 ICP-AES、ICP-MS、GC、GC-MS、LC-MS 等取代的趋势。空气和水质常规污染物监测向自动监测技术发展，对污染源的监测也逐步转变为在线自动监测。针对超痕量分析和新型有机物的分析，水和空气中上百种污染物的监测方法都需要更新和完善。建立先进的环境监测体系就要做到数据准确、代表性强、方法科学、传输及时，能够及时

跟踪污染源污染物排放的变化情况，准确预警和及时响应各类环境突发事件。

针对现状，魏复盛提出对第四版进行适当的修订，增补内容，以适应我国环境保护工作发展的需要。这样，魏复盛牵头负责组织中国环境监测总站的人员，对水和废水、空气和废气监测分析方法两本书第四版的部分内容进行修订和增补，特别增加了应急监测技术等内容，先后于 2006 年和 2007 年出版了《水和废水监测分析方法》及《空气和废气监测分析方法》第四版的增补版。

4. 以背景值研究为起点，编制土壤环境的监测分析方法

1986 年，魏复盛负责承担的国家“七五”重点科技攻关课题——“中国土壤环境背景值研究”圆满完成，取得了一系列重要的科研成果。

在当时的课题研究中，魏复盛带领团队采用了各种分析仪器和方法，如原子吸收法、原子荧光法、等离子体发射光谱法、离子色谱法、仪器中子活化法、X-荧光光谱法等，对全国 41 个土类、1 万多件土壤样品进行测试，使土壤及其母质中的 61 个元素被准确定量。经过多家实验室的验证与考核，经过大量实际样品和标准土样的分析检验，结果证明这些方法具有灵敏度高、精密度好、准确度高等优点，能保证土壤元素的高水平定量。

考虑我国土壤环境的监测和土壤污染状况调查的需要，魏复盛决定总结提炼全国土壤环境背景值研究中所采用的分析方法，推荐给与土壤环境保护有关的研究及技术管理人员学习参考及交流，于是组织参加该项课题研究的有关专业人员编写了

《土壤元素的近代分析方法》一书，书中详细讲解了土壤样品的采集、土壤的分解、土壤中微量元素和常量元素的测定、稀土分量的 ICP-AES 测定，ICP-AES、X 射线荧光光谱分析、反应堆中子活化分析的应用。书中介绍的这些方法可用于土壤环境保护的科学研究与监测，为土壤的环境规划、管理和防治土壤污染服务；也可用于诊断土壤元素的丰缺，为合理施用宏量元素与微量元素肥料，提高农产品的质量和产量服务；还可用于地方病病因探讨与防治研究等诸多领域。1992 年该书出版，成为环境监测系统用于土壤监测分析工作必备的工具书，为保护土壤环境安全、制定土壤标准、评估与建设绿色食品基地、合理开发利用土壤资源提供了科学依据。

图 3.23　1987 年，魏复盛在合肥市土壤环境背景值攻关课题质量保证与质量控制技术培训班上讲课

由于土壤环境是一个开放的系统，也是一个较为复杂的自然环境系统，与大气和水体相比，进入到土壤中的污染物很难扩散、稀释或者迁移，因此土壤的污染是在经济社会发展过程中，经过长期的累积而形成的。大气污染和水污染一般都比较直观，通过感官就能察觉，但土壤污染往往要通过对土壤样品的分析、农作物的检测，甚至人畜健康的影响研究才能确定。土壤污染的这些特点，使其从产生到发现危害的时间通常较长。

改革开放以来，我国的经济发展速度很快，但经济发展方式较为粗放，产业结构和布局不尽合理，在污染物排放总量较高的情形下，土壤环境质量必然会受到较大影响，20 多年来，我国土壤环境问题日益凸显，部分地区土壤污染较为严重，已引起了社会的广泛关注。因此，摸清底数，调查土壤环境污染的基本特征，监测分析土壤中污染物的来源、种类，是开展土壤污染防治工作的前提。

图 3.24　2015 年，魏复盛参加中国工程院主办的“土壤环境保护与污染防治”工程科技论坛

魏复盛根据多年来参与土壤调查监测分析和科学研究积累的大量经验，以及近些年来对环境保护中土壤污染防治工作的思考，一直坚持不懈地致力于监测分析方法的构建和研究，将优选、统一验证和标准化三部曲不断向前推进。2014 年，魏复盛主持成立了《土壤环境监测分析方法》一书的编委会，开启了组织编写这本工具书的工作，目的是为全国土壤环境质量监测、调查、评估及相关研究，为土壤污染防治工作提供技术支撑，推进土壤环境监测分析方法的统一与标准化工作的深入发展，推动我国土壤监测技术不断进步。

2016 年，国务院发布《土壤污染防治行动计划》，确定了“十三五”时期我国土壤污染防治的指导思想、原则和防治任务，全面开展农用地、建设用地调查和土壤污染防治制度体系建设两大任务，土壤污染防治得到高度重视。保护土壤环境，防治土壤污染，上升到了维护国家生态安全的重要战略位置。此时，魏复盛带领编委会经过三年多的努力，也完成了《土壤环境监测分析方法》的编写工作。由环境监测、农业、科研院所 46 家单位 200 余位监测技术专家参与编写审核的《土壤环境监测分析方法》一书，覆盖了土壤理化指标及污染物 80 个大类，共计 500 余个指标，142 个监测方法。系统地从土壤的基础理论及质量评价、土壤样品的采集、制备和质量保证与质量控制、理化指标与肥力测定、无机元素测定、有机污染物测定、生物监测等方面详细梳理和介绍了土壤监测分析方法，涵盖了土壤背景值研究采用的分析方法、土壤元素近代分析方法，新增了微波消解、全自动消解、加速溶剂萃取等前处理方法，以及 ICP-MS、GC-MS、LC-MS 等新发展起来的仪器分析方法，在监测指标上新增了金属有效态和形态分析方法，以及土壤微生物和生物毒性的监测方法。

图 3.25　魏复盛主编的《工业固体废物有害特性试验与监测分析方法（试行）》《土壤元素的近代分析方法》《土壤环境监测分析方法》

《土壤环境监测分析方法》是一本土壤环境监测专业性很强的工具书。书中介绍的监测方法分为三类：A 类方法有 73 项，由土壤监测技术相关的国家标准方法和环境、农业、林业等行业标准方法等效转化而成，方法的特征指标与现行有效的标准规范完全一致；例行监测、仲裁监测等以此类方法标准作为依据。B 类方法有 39 个，为在国内已开展过深入研究的较成熟的方法，且经多家实验室成功应用，可作为现有标准规范的有效补充，推荐土壤监测人员使用的方法。C类方法有30个，为科研院所和监测单位自主研发或是直接引用国外的方法标准，在国内的应用还不广泛，可作为选用方法供监测、科研人员使用。书中提出的B类和C类方法，主要是为了解决目前现行标准规范不能满足土壤监测实际需求的问题，为未来制修订国家或行业标准提供技术储备。

图3.26 2018年，魏复盛获得环境监测终身成就奖

近30年来，魏复盛构思并持续不断地研讨和组织编写的水和废水、空气和废气、土壤、固废等各要素的环境监测分析方法，一直是环境监测系统最实用且最具指导性的工具包。从环境质量到污染源监测，从无机污染物到有机污染物，从现场手工采样与实验室分析到在线连续自动监测，从常规监测技术到航空航天遥感监测，他都是行动者，展示出他作为一名环境监测工作者的智慧和力量。

第四章 环境问题的国情调查研究

环境调查及监测研究围绕着国家环境保护战略目标，以为环境管理服务为方向，以说清环境质量状况及其变化规律为目标，以提高环境监测预警预报能力及环境质量变化趋势综合分析能力为重要任务，为环境管理、决策、污染控制和环境规划等提供有力的技术支撑。从 20 世纪 80 年代中期至 90 年代末的十多年间，魏复盛在担任副站长时期，以务实的作风和干劲、谦和的品质和钻研的精神，承担了多项重大环境问题的调查研究课题，取得了高水平的研究成果，积累了丰富的经验。

1．科技攻关课题——酸雨污染调查

20 世纪 50 年代，在欧洲和北美部分地区出现了因长期酸性降水带来大面积内陆水域鱼类灭绝和森林衰亡的景象。于是，酸性降水对陆地生态系统和水生生态系统以及建筑物、人体健康的危害和潜在影响，引起了科学界的重视。1972 年，瑞典政府向联合国环境大会提出的一份《跨越国界的大气污染——大气和沉降物中硫对环境的影响》报告，使得酸雨污染危害问题作为全球的重要环境问题之一，引起了世界各国的特别关注。

我国对酸雨的监测和研究起步较晚。1981 年国环办发文《关于在全国开展酸雨普查的通知》，开始了第一次全国性的酸雨调查，并组织了西南地区酸雨研究课题。当时在北京、上海、南京、重庆、贵阳等地布设了几百个酸雨监测点，监测降水的酸度及化学成分，获得大量的监测数据，并在此基础上进行初步分析，发现重庆和贵阳酸雨污染相当严重。其他一些省市也对本地区的酸雨形势作了分析，提供了监测报告。1983 年 5 月和 1984 年 8 月，环保局先后在无锡市和延吉市召开了全国酸雨工作会议，总结了各地酸雨普查的进展情况和酸雨污染的初步调查成果。

酸雨危害产生的环境问题引起了社会的强烈关注。1985年初，国家科委通过环保局下达了科技攻关课题——“我国酸雨的来源影响及其控制对策的研究”，由王文兴①担任总课题组长，唐孝炎②和魏复盛等任副组长。其中的第一专题为“我国降水酸度和化学组成的分布状况及变化趋势研究”，由中国环境监测总站负责。这样，魏复盛任组长、程子峰任副组长，负责组织全国的环境监测力量，对“全国降水酸度和化学组分时空分布”进行监测和数据分析的基础性研究。参与课题研究的有28个省区的环境监测中心站及其下属的部分监测站共214个，国家气象局气象科学研究院、北京市环境保护研究所和中科院生态环境研究中心作为课题的技术协作单位。当时的状况是监测网络不健全，采样监测方法、数据处理方法不统一且不规范，缺少质量保证和质量控制，与国际上的数据缺乏可比性，对全国酸雨污染的现状、时空分布及化学组成特征是什么尚不清楚。

图4.1 1986年，在北京召开全国酸雨污染状况调查研究启动会（前排右一魏复盛，后排左四刘全义、左六赵殿五）

① 王文兴，环境科学专家，1999年当选为中国工程院院士。
② 唐孝炎，环境科学专家，1995年当选为中国工程院院士。

为此，魏复盛带领课题组，先期回顾了国内外酸雨研究监测的发展过程，分析总结了其经验与不足，促使从事酸雨研究的科技工作者和环保部门的领导者在课题的研究思路上达成共识：要先建立一个布点合理、有统一技术规定和分析方法的降水监测网，只有在保证其科学性和准确性的基础上，才能对我国降水酸度的分布及影响作出较为确切的评价，才能分析清楚酸雨污染的时空分布特征，制定出科学的防治对策。

课题开启研究工作的第一步是设计布置全国降水监测网点。网点的设计以均匀性、代表性和可能性为原则，尽可能地覆盖全国各个有典型地形、气候和社会环境特征的区域，以使监测点所反映的数据具有代表性，同时客观地考虑各监测点的技术设备和经济及交通条件，使研究监测网能按规定的技术要求开展工作。这样，课题组讨论后决定，在原有监测成果的基础上，调整并新增加监测点位，在全国共布设了 533 个降水样品采集点，使监测网点的分布更为合理有效。

在完成科学布点和采集样品的基础上，还需要进行监测分析方法的优选研究和验证与统一，同时还要保证各监测实验室能正确地选用这些方法，使获得的数据具有可比性和一致性，这也是保证降水监测的质量，对全国降水酸度的时空分布作出正确分析与评价的前提。

研究监测分析方法是魏复盛工作的专长。对此他极为严谨，提出建立统一的监测分析方法，要先考虑确定选择方法的原则，根据这些原则，选择采用比较成熟和先进的监测水质的分析方法作为降水的监测方法。这样，魏复盛领导课题组从基础研究做起，首先组织了 18 个环境监测中心站的科技人员，进行降水监测分析方法优选研究，确定了监测降水量、pH、电导率、SO_4^{2-}、NO_3^-、Cl^-、F^-、Na^+、K^+、Ca^{2+}、Mg^{2+}、NH_4^+等 12 个项目，25 个分析方法。为保证所提出选用的分析方法准确可靠，由吴国平负责组织实施，由 18 个环境监测中心站参加的实验室间的协作验证，编制了降水布点、采样、样品保存和化学组成的分析方法标准，由国家环保局颁布在全国实施。

经过实验研究和验证，结果证明确定监测的12个项目共25个分析方法是可靠的，能够满足降水监测的要求。但是课题组在实践中观察到，降水样品的化学成分浓度往往比地表水低得多，因此在研究过程中，为保证监测数据的质量，他们把对分析方法的灵敏度要求放了在首位，用原子吸收法测定 Na^{+}、K^{+}、Ca^{2+}、Mg^{2+}；用离子色谱法测定 SO_4^{2-}、NO_3^{-}、Cl^{-}、F^{-}；开发了用 SO_4^{2-}与 $BaCrO_4$离子交换反应释放出 CrO_4^{2-}，再用二苯碳酰二肼光度法间接测定 SO_4^{2-}，比经典方法的灵敏度提高了10倍；试验了改良的 $BaSO_4$比浊法测定 SO_4^{2-}；建立了次氯酸-水杨酸光度法测定 NH_4^{+}。

由于课题研究范围广，参加的人员多，加上所研究的降水样品中化学组分含量较低，给获得准确的基础数据带来很大困难。保证研究过程中每一步骤都准确无误，在低浓度样品的分析过程中减少误差，使大范围内取得的数据准确、可比、具有代表性，成为课题研究成败的核心环节。因此，针对监测网点的布设，样品的采集、贮存、输送，实验室内的分析测试，数据的处理及综合分析过程中的每一个环节，魏复盛都特别强调要有质量保证。

魏复盛带领课题组对承担测试任务的 200 余个实验室进行了质控考核，考核项目有 pH、NH_4^{+}、SO_4^{2-}、Ca^{2+}，其合格率分别达到了 98.7%、94.9%、87.1%和 90.0%。对参加课题研究的分析人员进行了技术培训，对常规采样、样品保存、实验室分析操作制定了严格的质量保证措施。特别加强了实验室间的互检和复检制度，通过实验室间验证达到标准化的水平，将质量保证工作贯穿于课题研究的始终。

图 4.2 魏复盛（后排中）和参与中美合作课题研究（1988—1991 年）的同事在云南丽江玉龙雪山云杉坪建设我国内陆降水背景站

1985 年 8 月—1986 年 8 月，经过一整年的监测调查研究，对在全国 533 个采样点采集到的 24 737 个降水样品进行分析，课题组获得了 20 余万个数据。在 20 世纪 80 年代末期，由于课题总体设计所确定的监测网所属 189 个监测站，绝大部分监测站还没有计算机，个别有计算机的监测站也是机型不统一，软件互不兼容，因此课题规定所采集的数据一律是每次监测的原始数据及相应的背景参数，并严格规定了数据报告的格式和内容，这样数据的填报、汇集工作量巨大。研究课题从制定合理的采样点的布设、分析方法的验证到实验室间的质量控制等一系列管理措施，保证了监测数据的代表性和准确性。同样，为保证最终汇集的数据准确、可比，建立全国的降水数据管理系统，课题组还制定了数据管理规程，在初审、核实、整理、录入、数检等各环节严格把关，全部数据录入系统后随机抽查，结果未发现任何错误。

降水的酸度是由其中存在的氢离子浓度确定的，通常用 pH

或直接用氢离子浓度表示。魏复盛带领课题组，根据课题研究的需要，除了对数据进行各种统计处理之外，特别针对 pH 均值的计算，选择并比较了 pH 算数均值法、pH 雨量加权法、氢离子浓度雨量加权法三种方法进行数据处理。最终从科学含义和与国际接轨考虑，决定统一采用氢离子浓度雨量加权法来计算全国各测点、各时段的降水 pH。由于降水过程本身是一个复杂的物理、化学过程，降水酸度及化学组分也因人类活动而排放到大气中各种污染物的影响而变得复杂多样。因此，科学家经大量观测后，一直将降水的pH为5.6作为降水酸度的背景值，而判断是否为酸雨的标准也以 pH 5.6 作为分界线，即降水 pH 小于 5.6 为酸雨，pH 等于或大于 5.6 的降水则不是酸雨。据此，本研究课题采用 pH 小于 5.6 作为酸雨的判据。

图 4.3　陈子久副站长与课题组的研究人员一起确定背景站点位

关于酸雨监测，魏复盛实事求是地说道："过去没有统一的方法，数据不可比，全国东西南北中，到处都在报道有酸雨。我们的研究为时一年，逢雨必测，验证统一了全国降水的采样和监测方法，533 个站点的数据可比，结果证明不是全国所有的地方都有酸雨，而是在西南地区云贵川和华南地区两湖两广以及东部沿海地区，这些片区的酸雨频率出现比较高，如重庆—遵义—贵阳一线可以说为重酸雨区。但是在距重庆市和贵阳市各约 300 公里远的梵净山，其降水平均 pH 为 6；又如浙江的金华市和温州市降水年均 pH 为 4.8，但距此两地约 100 公里外的龙泉降水年均 pH 为 7，可见城市的远郊区或者是山区就没有酸雨。事实说明，我国降水酸性污染是以城市局地污染为主。”①

综合课题研究，魏复盛带领课题组归纳提出具有重要意义的主要结论有如下几点。

一是我国的全国降水酸度地域分异规律明显。酸雨主要分布范围是在长江—淮河以南，秦岭—青藏高原以东的西南、华东、华南地区；在部分地区和城市降水酸度较高，如重庆、贵阳、遵义、长沙、郴州、萍乡、柳州、韶关等市，酸雨污染已达到相当严重的程度，酸雨的污染以城市为中心向外辐射，成为不容忽视的区域性的环境污染问题；降水 pH 大于 7.0 的地区是从黑龙江东北部，经河北张家口、山西大同、甘肃兰州至青海的西宁—玛沁—玉树一线以西的大片国土；降水 pH 为 5.6～7.0 介于上两个地区间即为过渡区。

二是监测研究我国降水中化学组分，不仅可以反映降水 pH 的主要化学成分，还可以在一定程度上分析空气污染的特征和受污染的程度。在我国降水中，各化学组分的浓度较高，其中特别是 SO_4^{2-}、Ca^{2+}、NH_4^+、Mg^{2+}，为国外酸雨污染严重地区的三倍至十几倍，表明我国降水化学成分的污染是高水平的。国外的研究资料显示，北美和日本的降水化学组成中，SO_4^{2-}与 NO_3^-之比为 1∶1～2.5∶1，SO_4^{2-}对降水酸度的贡献大约占 65%，NO_3^-约占 35%；而我国降水中，SO_4^{2-}与 NO_3^-之比为 4∶1～15∶1，SO_4^{2-}对降水酸度的贡献为 80%～94%，这表明我国

① 魏复盛访谈，2019 年 3 月 12 日，中国环境监测总站。

降水酸性污染主要是硫酸型污染。这与我国能源以燃煤为主，空气以煤烟型污染为特征有密切关系。

酸雨是当今世界重大环境问题之一，也是大气环境污染防治研究的课题。魏复盛课题组研究获得的这个具有重要意义的成果即明确了我国酸雨的类型。当时曾有舆论称，日本的酸雨是受中国空气污染物漂移而产生的，但通过魏复盛课题组的研究，得出无可辩驳的结论为我国酸雨的形成是煤烟型污染，而日本的酸雨主要是机动车尾气污染，即以硝酸盐污染为主，这两种污染源截然不同，所谓的“中国污染漂移论”是没有科学依据，站不住脚的。

三是课题组认为，以大气 CO_2 浓度与纯水达到气液平衡时 pH 为 5.6 就定义为酸雨尚不够准确。因为自然来源的 SO_x、NO_x 与人为排放源处于同一数量级；植物的蒸腾作用释放至大气中的有机物经一系列化学过程，氧化为甲酸、乙酸，对降水酸度也有一定贡献，提出的这个结论是基于课题研究中“背景值的研究”。严格来说，全球的大气环境已很难找出没有受污染的地方了。人类社会活动和工业经济的发展产生大量污染物进入大气，造成空气污染和降水酸度及化学组分的变化，对自然环境和人类本身产生严重的影响。为了对这种影响作出科学的分析与评价，就需要研究降水酸度和化学组分的背景值。降水酸度背景值的研究不仅能确定和判断自然过程和人类活动对降水酸度及化学组分影响的程度，而且也为制定空气质量和排放标准提供基础数据，为制定污染控制对策提供科学的参考依据。

课题组选择了吉林长白山、云南丽江、湖南衡山、安徽黄山和浙江普陀山 5 个监测点为全国降水监测网的背景测点。通过对国内降水背景点的监测数据与全球降水酸度背景站的观测数据对比分析发现，我国降水背景点降水酸度和化学组分浓度变化相对较为稳定，与国外相比特征明显，SO_4^{2-}浓度高于国外，NO_3^-浓度低于国外，Ca^{2+}、NH_4^+浓度较高，这表明即使是背景点也反映了我国煤烟型污染的特征。各背景点的自身特征表明，不同地区的环境背景情况有不同，与全球降水背景站观测数据离子浓度水平较为相当的是丽江、黄山和普陀山（扣除海盐的影响），是较为理想的背景点。由此为基础，在之后的几年时间里，经过与美国环境保护局多次沟通，拟在我国内陆增设一个全球内陆降水背景站。经实地考察，双方认可在云南丽江市的云山屏海拔两三千米处设置一个背景站，在两年时间内遇雨必采必测，其监测结果令合作双方十分满意。据此可以说明此地为纯自然环境，无人类活动干扰，空气质量优良。

魏复盛与王文兴教授一起结合课题监测的结果，通过将国内监测网背景测点的监测数据与全球降水酸度背景站的观测数据对比分析，评价了当时国内外关于背景值的研究工作，探讨了影响降水酸度的因素，特别关注了有机酸对降水酸度的影响。他们对大气降水酸度背景值做了探索性的研究，提出了三个方面的论点：第一，大气降水酸度和化学组成的背景值，取决于各地区的自然环境和条件，不同区域是不同的，并且随着自然环境和人类活动而改变。就全球来说，降水酸度在一个较大的范围内变动，pH 在 4～6。在我国西北地区则大于 6。为了掌握我国降水酸度的发展趋势，应在国内根据地理环境特点，建立若干有地理代表性的背景点，进行长期的化学组成和酸度的观测，特别要创造条件做有机酸的测定，以便确定不同地理区域降水酸度和化学组成的背景值。第二，降水酸度标准，也就是环境所能承受的酸度和降水酸度背景值的含义完全不同。降水酸度标准应根据降水酸度对生态系统的影响和对物质材料的破坏来决定，即应根据对陆生和水生生物、土壤、水体和物质材料不产生危害所允许的最低 pH，它是经过综合研究，由人们制定的值。而降水背景值是不同地理区域在未受到或很少受到局地污染源影响时，降水的酸度值。第三，降水酸度值是一个范围值，仅用降水的 pH 小于 5.6 即判断为酸雨有些偏颇，会高估酸雨的污染，他们提出了降水酸度分级值的概念，客观而全面地评价酸雨的影响、酸雨污染的程度，为制定控制酸雨污染危害的对策提供科学依据。

该课题的研究结论是有开创性的，也得到了各方的肯定，这些结论为国家后来在“八五”和“九五”两个五年计划期间，对全国酸雨形成机制、污染危害及控制对策的深入研究提供了最重要、最基础的科学资料，为国家提出的划定酸雨和二氧化硫污染控制区（简称“两控区”）的范围，制定“两控区”污染控制目标和控制措施及防治对策奠定了科学基础。

为表彰在促进科学技术进步工作中做出重大贡献，特颁发此证书，以资鼓励。

奖励日期：一九九零年十二月

证书号：

获奖项目：我国酸雨的来源影响及其控制对策的研究

获奖者：魏复盛

奖励等级：二等

国家科学技术进步奖评审委员会

图 4.4　1990 年，魏复盛完成（参加）“我国酸雨的来源影响及其控制对策的研究”项目获国家科学技术进步奖二等奖

环境保护科学技术进步奖（部级）

证　书

获奖项目：我国酸雨的来源影响及其控制对策的研究

获奖者：魏复盛

获奖等级：一　等

证书编号：89—003—

国家环境保护局

一九九〇年二月六日

图 4.5　1990 年，魏复盛完成（参加）“我国酸雨的来源影响及其控制对策的研究”项目获环境保护科学技术进步奖一等奖

这项“我国酸雨的来源影响及其控制对策的研究”于 1990 年获得了部级科技进步奖一等奖，于 1990 年获得国家科技进步奖二等奖。

2. 全国土壤环境背景值研究

1986 年，魏复盛受命担负“中国土壤环境背景值研究”课题，任课题组长。这是国家“七五”重点科技攻关课题——“环境背景值研究”中的子课题。其目的在于获得中国主要土类 60 余种元素准确可比的背景值，编制《中华人民共和国土壤环境背景值图集》，探讨土壤环境背景值的区域分异规律及影响因素，探讨土壤环境背景值在环境、健康、农业等方面的应用前景。

领导并组织实施这项攻关课题研究对魏复盛来说是重大的挑战。他以坚持原则的务实精神，以术业有专攻的研究思路，秉持互助共享数据信息资源的理念，调动各方优势排兵布阵。魏复盛谦虚平和，以做实事为原则，组织协调参与课题研究的高校和科研院所的专家学者、环境监测站的业务骨干以及各地方环保监测系统的科研人员，因人而异，因地而异，调动和发挥各方人员的特长和专长。在 4 年的监测研究过程中，实行了统一优化设计和严谨的全程序质量保证管理，完成了多元素、多目标、深入系统的课题研究。在全

图 4.6 “土壤环境背景值研究”课题的三位负责人（左起：陈静生①、魏复盛、吴燕玉②）

① 陈静生，环境科学技术专家，北京大学教授。
② 吴燕玉，土壤生物地球化学专家，中国科学院沈阳应用生态研究所研究员。

国30个省、自治区、直辖市和5个沿海开放城市，课题组从41个土类，4 095个土壤剖面共采集各类样品16 000多个，测定出中国土壤61个元素背景值，取得一批国际领先水平的研究成果。作为基础资料，环境背景值永久性地应用于国土规划、土地资源评价、环境监测与环境区划、农业的土地利用及作物施肥、环境医学和地方病防治，以及环境科研和环境管理等众多领域。作为重大基础应用性课题，其研究成果为国家制定环境政策，为国家和地区进行环境规划和管理提供了科学依据。

魏复盛是一个不善言辞，但勤于实干的人。在工作中遇到困难或问题时，他善于分析观察，抓住关键环节，动脑筋想办法，克服困难，化解矛盾，提出解决问题的办法。在1984年“六五”攻关课题收尾阶段，魏复盛被安排参加课题的各项工作总结，对于课题研究过程中出现的问题以及人员之间的分工协作有了一定的了解和判断。让他领衔这项土壤环境背景值研究的“七五”攻关课题的重任，他不

图4.7 1986年，魏复盛（中）在“土壤环境背景值研究”技术负责人会议上布置课题的分工协作

图4.8 1986年，魏复盛（左一）在“土壤环境背景值研究”信息录入和数据处理协调班上发言（右一柴文琦，左二陈子久）

讲任何条件，也没有被当时的“讲师领导教授”这种论资排辈的风言风语束缚手脚而回避责任，他既坚持原则又坦诚地与课题组的两位副组长，北京大学的陈静生和中科院沈阳应用生态所的吴燕玉交换了意见和看法。对于整体科研工作的运行，魏复盛客观而又严格地提出了三点要求：第一，经费分配一定要公开、透明、公正，一定要以工作量和所作的贡献来安排，不能以人际关系来决定经费的多少。第二，一定要尊重高校和科研院所老专家的意见，让他们的水平和学识在一些关键问题上发挥作用。第三，监测总站和环保监测系统的人员一定要把分内的工作做好，把背景值数据搞准，多动手做事，少开口说事。

作为研究课题的总负责人，魏复盛很清楚研究的总体目标。总体目标有四个方面：提出全国主要土类 60 种元素的土壤环境背景值；提出土壤环境背景值区域分异规律的研究报告；完成我国土壤元素环境背景值系列图件的编制；提出土壤环境背景值在制定土壤环境标准中的应用及在农业生产中应用的研究报告。他思路清晰，明确分工落实责任。参与课题研究的中科院及高校的科研人员主要承担土壤背景值分异规律、应用开发研究，还可参加部分地方子课题或专题的研究；环境系统监测部门侧重调查分析获取准确可比的数据，同时承担管理与技术服务工作。研究所设立的子课题和专题公开透明，经费与工作量、难度挂钩，成果属于实干的研究人员，总课题不能在下级专题挂名，不能

图 4.9　1986 年，魏复盛在全国土壤环境背景值研究启动会上讲话

在下属子课题挂名发表文章。魏复盛严格公正和谦虚务实的工作作风得到了课题组全体人员的广泛认可，也带动了研究工作的快速推进。1986 年年底召开了负责人专题会，当时的会议纪要可以客观地反映研究工作的情况：

“三方对专题组当前面临的紧迫问题进行了充分的协商讨论，本着团结协作，互谦互让的精神达成了一致的意见。

“专题负责人一致认为本专题涉及单位多，区域面积广，工作量大，经费很紧，协调各方的难度较大，因此要求各系统、各承担单位要顾全大局，在工作量与经费安排上要相互谅解和支持。本专项研究的技术规范性较强，要求各子课题要紧紧围绕专题的总目标来开展工作，使用好有限的经费，保证专题成果的科学性、完整性与统一性。同时我们还要求各有关单位和参加攻关的科研人员要互相尊重、互相学习、取长补短、团结协作、搞好攻关。

图 4.10 1986 年，魏复盛（左）与时任中国环境监测总站总工程师缪天成（右）讨论“土壤环境背景值”课题

“专题负责人一致认为要抓紧时间，加快组织技术准备，一定要保证在 1987 年开春后全面铺开工作，搞好野外踏勘、布点、采样和实验室的技术准备及质控考核。”

魏复盛考虑到这项研究涉及的学科多，有土壤地理、土壤化学、地球化学、分析化学、统计数学、环境科学、制图学、计算机科学等；承担单位及人员多，攻关研究人员层次高低不一，经验水平各异，总经费很有限，要实现总的攻关目标，取得全部资料并使数据准确可比，存在很大难度。因此，魏复盛认为先定制度立规矩，管理要到位，大家的认识要统一，各子课题之间要相互配合，明确目标和职责。魏复盛对课题进行统筹管理的思路与两位组长进行了沟通并达成了共识。

由于这项研究是一个大的系统工程，每一个环节都会影响课题的质量，都会关系到攻关总目标的实现。经过魏复盛多次与两位负责人讨论，提出从整体出发的方案。首先，组织各方面专家抓住总课题统一优化设计，使研究的总体方案和技术路线科学合理，用有限的资金安排合理的工作量去争取最具代表性的结果。其次，对下一级的子课题也进行优化设计，使其既满足攻关目标的总要求，又能考虑子课题研究的某些特殊需要。最后，也是重要的一步，要抓住各个关键性的技术环节，建立全程序质量保证体系。布点、采样、实验室测试分析、信息数据的传输与统计处理、绘制背景值图、土壤分异规律研究以及背景值应用研究等都有各自的统一技术规范、质量保证措施和质量控制指标，既便于实施，又便于检查，做到研究人员与审核人员密切结合，层层把关，使不合乎质量要求的样本、数据、信息及时返工，不得进入下一步环节。各子系统之间有专题技术组统一协调，不断交流信息，发现问题随时纠正。

图 4.11　1988 年，魏复盛（右）与“土壤环境背景值研究”课题组专家郑春江在甘肃调研

互相交流信息资料、做到信息共享。课题研究进展顺利，得到全面铺开并持续深入推进，得益于魏复盛脚踏实地而又敢于担当的领导作风，认真负责而又实事求是的开拓精神。

魏复盛简洁务实的工作作风赢得了课题组上下的尊重和支持。他一方面统筹管理课题研究的总体进程，一方面深耕所指导的监测分析研究。他购买了有关土壤学、地球化学及稀土元素化学方面的书籍，学习钻研，借助自己的分析化学专业专长，选择运用分析化学研究的最新成果，指导土壤样品的测定和分析研究，以保证尽可能多的土壤元素准确定量。他查阅了大量的文献资料，了解到国外对土壤环境背景值的研究已经做过一些工作，其中以美国的调查规模最大、研究最为系统完整。当时美国地质调查局分别于 1961—1971 年和 1971—1984 年两个阶段，在美国大陆以 80 公里×80 公里间隔布设采样点，采集了 1 218 个土壤样本，主要采用发射光谱半定量和定量的分析方法，共报告了 50 个元素背景值，能准确定量的为 41 个元素。通过文献他发现，美国地质调查局采用发射光谱法测定土壤元素，由于该方法的灵敏度不高，致使有些元素不能准确定量，

图 4.12　1989 年，魏复盛参加上海市土壤环境背景值调查研究鉴定会（前排右六魏复盛，右八吴燕玉）

不能统计出准确的背景数值。对此，魏复盛决定选择使用当时最灵敏的多种元素测定方法，如仪器中子活化技术、X-荧光光谱法、等离子体发射光谱法、原子吸收光谱法、原子荧光光谱法、离子色谱法等技术方法，分析测定土壤及其母质中的 61 个元素，达到了准确定量。与此同时，魏复盛指导研究生刘廷良，与滕恩江、丁国斌、木成义合作，采用 P507 萃淋树脂，从土壤消解液中分离富集的稀土元素，并用 ICP-AES 准确定量了土壤中 15 个稀土元素（包括钇）。选用其他分析方法组合准确定量了土壤中十多种稀有分散元素的背景值，填补了我国这些元素土壤环境背景值的空白。

图 4.13　1988 年，魏复盛在“土壤环境背景值研究”质量控制专题鉴定会上做汇报

图 4.14　1988 年，魏复盛在“土壤环境背景值研究”数据库专题鉴定会上发言

魏复盛带领参加攻关课题的环境监测系统团队，用两年多的时间，实施了布点、采样、分析测试以及数据统计等基础工作。他们以土类为基础，根据我国东部、中部、西部地区经济发展的差异及土壤和地理自然环境复杂程度不同，确定了 3 种不同的布点密度：东部以 40 公里×40 公里、中部以 50 公里×50 公里、西部以 80 公里×80 公里布设一

个采样点，在全国（除港澳台地区外）布设了 4 095 个土壤典型剖面。选择使用当时最灵敏的多种元素测定方法，对 4 095 个典型土壤剖面的 13 个必测元素进行准确测定；从 4 095 个典型土壤样本中选取在全国均匀分布的 860 余个主剖面的表土，加测了 48 个元素，共分析测定的 61 个元素均能准确定量。每个元素按照全国总体和行政省区市分成 34 个统计单元，土壤类型以 41 个土类、土壤母质和母岩按 21 个统计单元进行统计分析，总共有约 6 700 个基本统计量，共获得了 40 余万个数据和信息资料。

图 4.15　1989 年，魏复盛在《中国土壤环境背景值研究手册》审定会上做汇报

为了保证数据质量，魏复盛组织课题组对科技人员进行了严格的技术培训，专门建立了质量控制研究专题，实行了统一优化设计和严密的全程序质量保证和质量控制。课题组对取得的 40 余万个分析数据和信息资料逐一核对，对有重大疑问的数据进行复测，保证了数据的完整、准确可信。

参加攻关课题研究的人员来自全国 60 多个单位，有中科院系统的专家，有高校系统的教授，还有各地方环境监测系统的科研管理人员。如何对待经过分析、计算统计所获得的大量数据资料，大家都有各自的想法，而且当时以保密为由各自为政的管理理念较为盛行。对此，魏复盛提出了自己的观点：“我们不能以保密为由，拒绝别的专家对所取得数据的开发应用。我认为不要怕别的专家对这些数据的深入分析，发表高水平论文。

恰好相反，他们发表的论文越多越好，这样就表明我们的这些数据是有科学价值和社会价值的，这些数据证明了我们的工作很有意义，而且对我们也是一种鞭策。”[①]魏复盛提议的这个资源“共享”观点说服了大家，得到了认可和赞许，营造了和谐、互助、携手共同攻关的氛围。魏复盛还说过，无论谁发表了高水平的论文，都是对这个总课题的有力支持。

魏复盛以谦虚、睿智和科学的管理方式，把握住整个课题的运行。他作为课题负责人，开会时他是主持，但他很注意倾听其他不同学术观点，以及专家的不同意见。他认为，由于每个人的专业背景不同，看问题的视角、想问题的思路不同，对看似同样的事或同样的问题，就会有不同的意见和观点。这样他总会召集大家进行充分的研讨。他善于听取意见，大家也畅所欲言。在这样的讨论过程中，集思广益，明确目标，哪些问题应该怎么解决，大家容易达成共识，形成推进工作的统一步调。

现在已是云南农业大学土壤学专家的张乃明教授，对读研时曾随导师马大羽教授参与这项攻关课题研究工作的经历记忆深刻。他说，当年他是课题组里最基层的一员，对课题的总负责人魏复盛，他感触很深：“他是监测总站的副站长，是个司局级领导，但是没有官架子，很平易近人。他也跟我的导师一样，有着高深的学问，我们是晚辈，是小字

图 4.16 “土壤环境背景值研究”课题鉴定会工作汇报（右二魏复盛）

① 魏复盛访谈，2019 年 3 月 12 日，中国环境监测总站。

辈，跟他一起聊天，一起散步，一起讨论问题，很容易交流沟通，感觉也非常亲切。”[①]张乃明还说，魏老师做事情不功利，对工作具有强烈的事业心和责任感。他很崇敬这一点，魏老师也是他的榜样，在自己的职业生涯中坚守着这份事业心，只要是认准的事情，无论困难与否都认真负责地坚持。

张乃明谈到的事业心、责任感，以及魏复盛一直以来待人做事谦虚平和的态度，课题组最普通的技术人员都深有体会。当时因课题研究需要，要组团去美国考察。那时出国跟现在不一样，机会非常难得，而魏复盛把这种好机会都让给了他人。他淡泊名利，做科研做课题不是说自己立得有多高，做得有多好，而是要让整个团队立起来，带动监测总站的技术力量一点点地强大起来。在带领大家做课题的过程中，魏复盛干工作的事业心、培养年轻人的平和心、坚持原则干实事的责任心，汇聚成为鼓励大家积极向上的凝聚力。

攻关课题的科研工作虽然很紧张也很辛苦，但各专题组之间工作相互支持配合，大家相处也很愉快。高校研究团队就全国土壤环境背景值区域分异规律作了深入研究；中科院专家就土壤环境背景值在找矿、农业生产、制定土壤环境质量标准及对人体健康影响方面做了深入研究；图集专题组采用多种制图方法和表现形式，编制了由 6 个图组共 186 幅图组成的《中华人民共和国土壤环境背景值图集》，反映了我国广大范围内 4 000 多个典型土壤剖面 61 种元素的含量分布状况与特征；数据库专题组研究建立的土壤环境背景值数据库，完成了全部数据处理、成果表达等研究，监测数据的分析和处理为参加课题的中科院科研人员和高校的教师提供了全方位的服务，支持他们发表高水平的论文；所有监测数据毫无保留地提供给各子课题，为他们的总结提炼增添光彩。

① 张乃明访谈，2019 年 9 月 19 日，昆明，云南省环境监测中心。

为科研人员了解学习并参考和借鉴课题的研究方法，运用课题研究获取的大量科学准确的数据资料，传播课题的科研成果，魏复盛牵头编著出版了《中国土壤元素背景值》一书。为总结和阐述在课题研究中建立和使用的分析方法，魏复盛担任主编，组织参加课题研究的专业人员编著出版了《土壤元素的近代分析方法》一书；还与王云教授一同组织专家编著了《土壤元素环境化学》一书。这些著作在“八五”初期对我国开创土壤环境的研究提供了科学的研究方法和丰富的数据资料。

环境保护科学技术进步奖(部级)

证　书

获奖项目：中国土壤环境背景值研究

获奖者：魏复盛

获奖等级：一

证书编号：93044-1

国家环境保护局

一九九三年十一月卅日

图 4.17　1993 年，魏复盛主持的“中国土壤环境背景值研究”获环境保护科学技术进步奖（部级）一等奖

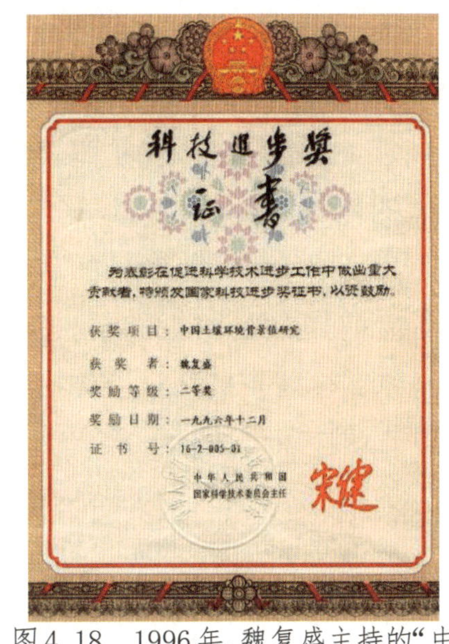

科技進步奬

証書

为表彰在促进科学技术进步工作中做出重大贡献者，特颁发国家科技进步奖证书，以资鼓励。

获奖项目：中国土壤环境背景值研究

获奖者：魏复盛

奖励等级：二等奖

奖励日期：一九九六年十二月

证书号：16-2-005-01

中华人民共和国
国家科学技术委员会主任　宋健

图 4.18　1996 年，魏复盛主持的“中国土壤环境背景值研究”获国家科技进步奖二等奖

中国土壤元素背景值研究取得的研究方法和成果，以及准确可比的科学数据，对于环境保护、土壤污染防治、制订土壤环境质量标准、建设和开发绿色食品基地具有重要的参考价值；对土壤环境保护和食用农产品的数量与质量安全具有重要意义；为我国后续的土壤环境污染调查、详查及土壤环境污染防治提供了重要的参考。这项研究成果获得 1993 年部级科技进步奖一等奖，获得 1996 年国家科技进步奖二等奖。

3. 污染物总量控制监测关键技术研究

“九五”期间是我国环境保护实施战略重大转折的时期。1996年3月，第八届全国人民代表大会第四次会议批准了《国民经济和社会发展“九五”计划和2010年远景目标纲要》，确定了在“九五”时期乃至后十年环境保护的大政方针，提出了力争使环境污染和生态破坏加剧的趋势得到基本控制，部分城市和地区的环境质量有所改善的环境和生态保护目标。为目标的实现，国家批复并发布了一系列有关环境保护的战略、规划、计划，对重要的环境保护问题作出了决定。在《国务院关于环境保护若干问题的决定》中，明确要实施“一控双达标”的环保目标，要求对污染物的排放进行总量控制，工业污染源要达到国家或地方规定的污染物排放标准，空气和地面水按功能区要达到国家规定的环境质量标准。在《污染物总量控制计划》中，提出废气或废水排放中的烟尘、二氧化硫、粉尘、化学需氧量、石油类、氰化物、砷、汞、铅、镉、六价铬和工业固体废物排放量12项指标实现排放总量下降10%～15%的目标，明确规定了污染物排放总量具体的减排量。

此时，魏复盛担任监测总站副站长的工作已十年有余。他深知环境监测要为环境管理服务，要紧密围绕环境保护的工作重点开展监测工作。国家作出重点治理“三河三湖”和“两控区”（酸雨和二氧化硫污染控制区）的决定，主要依靠环境监测数据。现在提出的对污染物排放实施总量控制，是要在规定的时间内，对某一个区域内或某一个企业在生产过程中所产生的污染物最终排入环境的数量进行限制。然而，企业在生产过程中，既会有“三废”污染物的有组织排放，还会出现跑、冒、滴、漏等形式的无组织排放。因此，如果按常规的方法和形式进行监测，是否能够做到“测得准”？监测数据能否及时、准确、真实地反映生产过程中排放的污染物的数量、浓度、种类等？对于实施“三河三湖两控区”重点综合污染治理规划，实现污染物排放总量控制目标，以及城市空气、地表水环境按功能区达标，其效果如何？总量削减了多少？水质、空气发生了哪些变化？这都需要进行评价，从而就要进行监测，就要有数据，用监测数据来说话。魏复盛想到，当时的监测是“一杆枪测烟量”“一瓢水定终身”，获得的监测分析数据达不到科学、准确、客观、及时的要求。因此根据国家的需要、政策的需要以及监管的需要，环境监测不仅是“耳目”和“哨兵”，还应是评价环境质量变化和衡量排污达标的“尺子”。

1996 年，魏复盛提出并负责承担了“污染物总量控制监测系统关键技术研究”课题，其目的是要采用一系列先进的监测方法、技术和仪器设备实施环境监测，做到及时掌握污染物排放的动态，准确反映环境质量的状况，为环境管理服务，使定性管理尽快转向定量管理，使监督管理更加具有针对性。这项研究被列为“九五”国家重点科技项目，由围绕针对具体污染物排放的在线连续监测和自动监测系统的关键技术进行研发的一系列子课题组成，其中有易江高工负责的对烟尘、烟气二氧化硫排放总量监测技术的研究，主要是对国内外的烟尘、烟气二氧化硫在线连续监测系统进行优选，分别提供两套不同原理的烟尘和烟气二氧化硫在线连续监测系统样板工程，并且提出烟气排放总量的测试规范。有石金宝工程师负责的专门针对安装了脱硫除尘装置的燃煤锅炉进行烟气二氧化硫在线连续监测系统的研制，是实现对脱硫效果及二氧化硫排放量实时监测的有力手段。还有由齐文启博士负责的污水排放总量控制监测方案的研制和示范工程的实施，以及研制适合我国国情的废水

COD、NH_4^-、总磷在线连续自动监测系统等。

在我国，火电、钢铁、水泥等生产企业大多以煤炭作为主要能源燃料，因此企业在生产过程中会排放大量的烟尘、二氧化硫等污染物。国家要求对这些污染物实施总量控制，就需要对这些生产企业的排放源进行实时监测，而当时，连续在线监测仪是国外仪器占主导地位，特别是在大型火电厂发电锅炉除尘器出口安装的对烟尘排放进行连续测试的监测仪器，几乎都是清一色的进口设备。这些国外设备售价很高，一套进口污染源在线连续监测系统动辄上百万元，而且存在着设备的适应能力问题，我国所使用的煤炭燃料与国外的不同，现场工况情况较为复杂，进口的监测设备经过一段时间的运行会出现许多状况，由此也带来维修、备件、费用等一系列问题。

图 4.19 1988 年，魏复盛（前排左一）在厦门大学参加监测仪器成果鉴定会（右一田昭武院士）

魏复盛负责组织监测总站相关的技术研究人员承担起了这项监测系统关键技术的研发工作，面对的首要问题就是经费不足，课题费只有 100 万元，落实到具体的监测方法、技术、设备、质量监控以及示范工程的测试等各项研究中，仅仅是杯水车薪。为了解决这个现实困难，魏复盛想办法调动地方环保力量和仪器设备公司的积极性，争取到了 360 余万元资金的支持，这在当时是一笔不小的数目。同时，他提出采取引进仪器与开发国产仪器两条腿走路的方式，经费尽量多地用在现场对比实验上。魏复盛顶着巨大的压力，带领监测总站的易江高工、齐文启博士等科研人员，与国内的仪器设备公司合作，对进口的监控系统产品进行分析，针对我国的国情，研制低价位、高适用性的连续在线监测装置，推动连续在线监测技术装备国产化的开发。经过两年的科研攻关，从对烟尘、烟气二氧化硫排放的监测，到监测仪器的选购、安装、校准、评估、质量保证及维护、管理进行了全面的分析和研究，在山东黄岛电厂、上海石洞口电厂、青岛电厂，建设了颗粒物、二氧化硫、氮氧化物连续排放监测系统示范工程。研究提出，固定污染源排放的污染物因随生产运行状况、燃料组成的变化而变化，要实现排放总量监测，必须采用在线连续监测系统。对国产在线连续监测系统的开发、研制、生产和推广应用必须加大扶持力度，并在环境保护行政管理、监督性监测、人员培训，以及仪器的认证、运行、校准方法和指标、数据确认等方面，建立一套规范化的管理制度，确保在线连续监测系统在污染源排放总量监测中发挥作用。

图 4.20　1998 年，魏复盛在主要污染物总量监测关键技术研究课题鉴定会上做汇报

这项“九五”重点科技项目专题研究中另一项子课题，是针对废水总量排放监测的研究，专门研制了废水COD的在线自动监测仪，以及在废水总量排放监测示范工程中，实施了包括测流、采样、在线监测等的质量保证研究，以反映有机污染的综合指标COD、矿物油为主要的控制项目，研究对比并选择了符合我国国情的总量控制监测在线连续监测仪器。

多年的工作经历和实践经验，使魏复盛认识到不管是在实验室做分析测试，还是到生产企业的排污口对污染源的排放进行采样监测，都离不开仪器设备；对环境质量、生态环境现状及变化趋势进行实时、准确的监测，对污染源及其治理进行监督监测，是摆在环境保护工作者面前最艰巨的任务之一，因此，迫切需要大量的现代化的环境监测仪器，特别需要优质的自动监测系统和污染源在线连续监测系统。他结合这项监测系统关键技术研究课题的结论，对当时环境监测仪器的现状和问题、对环境科学监测仪器的未来市场需求进行了客观的分析，提出了研制和发展国产环境监测仪器的思路和对策。

当时所用的环境监测仪器，大致可以分为通用的实验室分析仪器，也就是凡是分析实验室应有的仪器，环境科学与监测实验室均需要；专用监测仪器，比如水质、空气气体及噪声监测仪等；还有自动监测系统，空气地面自动监测系统、环境水质自动监测系统、工业污染源

图 4.21　1996 年，魏复盛在全国大气污染固定源排放监测技术培训班上讲课

在线连续自动监测系统、道路交通噪声自动监测系统。

对环境监测仪器设备的升级更新需求，既是国家实施环境保护政策措施和监督管理的需要，也是国内市场发展的需要。从环境质量监测工作的角度分析，当时全国环保系统及各部门、行业、企业已建有 4 000 多个监测站，从业人员约 6 万人。那几年正处于环境科学和监测分析仪器、装备更新换代和提高水平时期，国家环保总局计划在“十五”期间装备 400 多个国家网络监测站，350 多个环境信息中心，100 个城市空气地面自动监测系统，约 100 个国控水质监测断面自动监测系统。从当时污染源监测工作来看，国家要对全国 18 000 个重点污染企业实施主要污染物排放总量控制和削减，以改善环境质量，因此要求这 18 000 个污染物排放大户，对废水和废气要逐步安装在线连续自动监测系统，实现计算机联网管理，加强实时监控。但是，技术成熟的国产仪器系统很少，而且需求量比环境质量监测要大得多。主要是电力、石油化工、建材、钢铁冶金、造纸、食品企业和城市污水处理厂等购买，潜在的市场有数十亿至数百亿元。

图 4.22　1998 年，魏复盛（左）参观中科院安徽光机所实验室（右刘文清院士）

国家还提出了环境污染防治与生态环境保护并重的方针，要加强生态环境保护，需要对荒漠、草原、森林、海洋、农业生态环境进行监测，也需要对大气污染、水域污染（如海洋赤潮、溢油污染）及污染源进行遥感遥测。还要建立卫星地面接收系统及卫星图片解析系统，对环境生态质量现状及变化趋势进行分析，为国家环境生态保护与建设提供决策的科学依据。

魏复盛认为，国产的专用监测仪中，其采样器数量上占有优势，基本可用，但附加值低。高质量的分析仪、专用监测仪器和自动监测系统多是引进国外的，国产的仪器占有的份额较小。因此要借发展的形势，适应国家的需求，以课题研究为契机，推动研究成果的应用和转化，调动国内厂商对国产在线连续监测系统开发的积极性，推进国产监测仪器产业的发展。魏复盛建议，从国家层面上要加强规划和宏观指导，防止一哄而上和低水平重复，造成浪费。要建立监测仪器仪表研制开发基金和风险投资，支持科研和企业的密切合作与技术创新。要鼓励一些高新技术企业投资环境科学与监测仪器仪表的研发及其产业化。并且组织好引进、消化吸收和国产化的工作，不断提高国产化的比例，在引进那些市场需要量大的项目时，要求在国内独资或合资生产作为引进的条件，要力争在5～15年内，大幅提高环境科学监测仪器国产化比例。

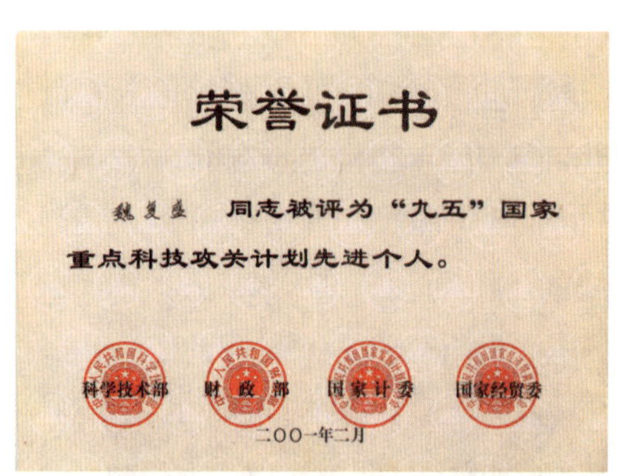

荣誉证书

魏复盛 同志被评为“九五”国家重点科技攻关计划先进个人。

科学技术部 财政部 国家计委 国家经贸委

二〇〇一年二月

图 4.23 2001 年，魏复盛获得“‘九五’国家重点科技攻关计划先进个人”嘉奖

北京市科学技术奖

№ 2002环-2-002-01

为表彰在推动科学技术进步、对首都经济建设和社会发展作出贡献者，特颁此证，以资鼓励。

获奖项目：

污染物总量控制监测系统关键技术研究

获 奖 者：魏复盛

获奖等级：贰等奖

北京市人民政府

二〇〇二年十二月

图 4.24 2002 年，“污染物总量控制监测关键技术研究”课题获得北京市科技进步二等奖

通过这项课题的研究，对于研制开发的重点领域，魏复盛建议有四个方面的考虑：第一，环境质量，包括空气、水质、噪声的自动监测系统。第

二，污染源排放，污水、废气、污染源主要污染物排放总量的在线连续自动监测系统。魏复盛认为国内的产品还要注重进一步提高在线自动监测系统的可靠性和稳定性，以便能够适应野外环境条件的需要。第三，要提高现场采样监测仪器的质量水平和更新换代，研制开发便携式现场污染事故应急监测仪器，研制开发流动监测车和监测船，为环境污染事故和污染源监督监测提供快速响应的现代化手段。第四，研制开发机载、车载、船载、星载遥感仪器仪表，如激光测污雷达，红外、紫外遥感遥测仪器仪表。

2002 年，“污染物总量控制监测关键技术的研究”课题得到了“九五”科技攻关优秀成果表彰，并获得北京市科技进步奖二等奖。在环保监管部门的推动下，到“十五”期间，已在工业锅炉、窑炉和废水排放口安装了数万套在线连续监测系统，国产仪器基本上能满足要求，从主要靠引进国外设备到监测仪器基本实现国产化。监测数据直接传送到环保监管部门，提高了监控管理的时效性。令魏复盛感到高兴和受到极大鼓舞的是，近十余年国家加大投入，加强了环境监测仪器的专项研究，加大了对现有监测能力的建设，技术装备的自动化水平大为提高。技术装备水平的提高为控制污染、改善环境质量提供了重要支持。

图 4.25　2019 年，魏复盛被授予“当代我国仪器仪表与测量控制领域杰出科学家”

4. 我国的有机污染物“家底”

早在20世纪90年代初期，为了指导业务工作，增强能力和提高水平，魏复盛带领站里的技术人员翻译了大量的国外资料和专业书籍，又组织编写了有关水、气、固体废物的监测分析方法等专业技术指导手册。他在日常的学习和阅读中积累并收集了很多有关环境污染研究的学术动态信息。他是学化学出身，所以对有毒有害化学物质的污染研究动态很敏感，对国外研究的重点和进展也十分关注。魏复盛觉得这方面的研究对自己来说是机遇也是挑战。他认为有毒有害有机物的污染状况应作为重要的国情问题进行调查研究，要能说清现实存在的问题在哪里，潜在的问题有哪些，要有所警惕，有所预防。对此，魏复盛提出了一些自己的认识和思考。

魏复盛认为，对有毒有害物质的环境污染，可以从三个方面来考虑。一是化学品的环境污染。全球已经合成出各种化学物质约1 000万种，进行商业注册而投放市场的约1 000种。这些化学品在推动社会进步、提高生产力、消灭虫害、减少疾病等方面发挥了巨大的作用，但是在生产、储存、运输和使用过程中不可避免地引起了环境污染。如有机氯农药，含硫、氮的有机磷农药，多氯联苯，氟氯烃类，烷基苯类，苯酚类，硝基苯类，苯胺类，重金属化合物等，这些产品性的化学污染占绝大多数。二是非产品性的化学污染。化学品生产过程中的副产品或污染物质进入环境后进一步发生化学反应，形成有毒物、有害的二次污染物，如化石燃料在燃烧过程中产生大量的多环芳烃类污染物，会进入空气、水体和土壤，直至生物体中，又如固体废物在焚烧过程中，产生毒性很大的二噁英类的污染。在纸浆漂白或饮水加氯消毒杀菌处理中，能生成一系列具有“三致”毒性的持久性卤代烃类化合物，如氯仿、溴仿、氯甲烷、三氯乙烯、四氯乙烯等。进入水体中的金属类化合物，在微生物作用下可生成毒性更大的甲基汞、乙基汞，日本的水俣病事件便是烷基汞通过食物链富集而进入人体，致使当地居民中毒。汽车尾气和工业废气排放出的挥发性有机污染物、氮氧化物在阳光紫外线作用下，形成的光化学烟雾，产生过氧化乙酰硝酸酯、醛和臭氧对植物和人类健康都十分有害，著名的洛杉矶光化学烟雾事件便是这种二次污染物造成的。三是有毒有害污染物。虽然化学品和二次污染物在环境中有广泛的分布，实际监测检出的有数千种之多，但是只有那些对生物有急性毒性、慢性毒性，对人体有致癌、致畸、致突变、致敏毒性、易挥发、高残留、难降解，又易通过食物链逐级富集而进入人体的污染物才是我们最为关注的有毒有害污染物。城市空气污染特别是多环芳烃类污染和癌症发病率、死亡率增加有关；城市空气细颗粒物（$PM_{2.5}$）、氮氧化物、二氧化硫污染与人群呼吸系统疾病呈正相关。此外，当时国际上十分关注的有毒化学污染物导致生物雄性器官的退化，这种雌性化现象使人们十分担忧。多氯联苯、多环芳烃、二噁英及许多有毒有害污染物不仅有很强的毒性，而且发现它们对人体内分泌系统有干扰作用，使人类出现“阴盛阳衰”的雌性化现象，对人类的生存和繁衍构成严重威胁。因此，现在已经把有毒有害化学物质污染提到“环境安全”的高度，因为它直接关系生态环境与人体健康的保护和安全，关系到国家可持续发展、民族繁衍生息和国际贸易利益等重大问题。

因此，从当时看，要有重点地对有毒有害污染进行控制。在 20 世纪 70 年代，发达国家就开展了环境污染普查，摸清情况，提出了重点控制污染物的名录，通过立法、制定标准、推荐最佳实用处理技术，减少污染物的排放。1977 年美国颁布了由《清洁水法》管理的 129 种污染物名单，其中 114 种为有机污染物；在 1990 年修订的《清洁空气法案》中，需要重点控制的有毒有害污染物质 189 种，其中有机污染物 167 种。日本对 600 种化学品进行环境调查，检出的有毒化学品为 189 种，在空气污染中要严格控制的为 165 种。苏联是制订有毒化学物质数目最多，而且标准最严的国家，1976 年公布水中有机物 496 种的最高允许浓度，1985 年增加至 561 种。由此可见，有毒有害污染物质包含无机污染物、有机污染物、酸性气溶胶（细颗粒物 $PM_{2.5}$），以有机污染物的种类最多。

魏复盛对我国的情况也做了客观的分析。当时我国对有毒有害污染物质尚未作全面系统的调查研究，但是根据一些局部的、少量的研究报告可以看出，我国有毒有害物质的污染还是非常严重的。从部分江河湖库水体中检出了有机污染物，其中有相当多的是“三致”污染物，比如第二松花江检出的有机物多达 374 种，长江黄石段检出的有机物达 100 种，太湖检出的有机物有 74 种，沱江检出的有机物达 175 种，珠江检出的有机物达 241 种，东湖源水和自来水中检出的有机物达 102 种，苏州河底质中检出的有机物达 201 种。在某地的垃圾渗滤液中检出的有机物达 93 种。对大气污染源，魏复盛带领研究团队曾作过一些调查，如与沈阳市环境监测站和鞍钢监测站在鞍钢焦化厂及炼焦炉附近，检测出 300 多种有机物，能定性的有 293 种。在沈阳电线电缆厂五个分厂的车间空气和尾气采样监测，累计检出 180 种有机污染物。城市大气环境由于燃煤引起的多环芳烃污染也很严重。魏复盛还特别强调了有毒有害化学品的突发污染事故，严重威胁人民生命财产安全和社会稳定，会造成严重的生态灾难。

1999 年，魏复盛提出建议设立课题开展初步研究，国家环保总局批准了“重点城市和重点区域有毒有害有机物的探查”课题项目。魏复盛牵头组织有关地市监测站的科研人员，分别在北京、广州、沈阳、深圳开展了室内外空气污染调查，对辽河、海河、淮河、黄河郑州段、江苏饮用水水源地污染现状进行了调查。

调查显示，城市空气有毒有害化学品污染严重，如1999—2000 年对北京市空气进行多次采样监测，共检出有机污染物130 种，其中挥发性有机物 70 种、半挥发性有机物 60 种。其他城市均有类似情况，如沈阳市的居民区、商业、交通、工业区冬季检出的苯并[a]芘超过国家标准 2～5 倍。某省对 25 个饮用水水源和出厂水监测，累计检测出有机污染物 504 种，定性的有213 种。其他在辽河、浑河沈阳段检出有机污染物 143 种等。

图 4.26　1999 年，参加中国环境监测技术研讨会的中外专家（从右至左：解天明、刘士励、魏复盛）

魏复盛一贯坚持实事求是，对问题不夸大、不渲染，客观地分析问题。他认为，因为我国工业化进程的时间较短，使用和排放的有机物总数相对较少，与发达国家相比，多数有机物浓度相对较低，但是，在有害化学品生产厂区周围，或是大量使用的地区，或是有机污染物堆放场地，其污染还是相当严重，因此，绝不可掉以轻心。国家对控制有毒有害污染物已经开展了工作，如在水环境方面，进行了重点控制有毒有害污染物名单的筛选，筛选出第一批重点控制名单，共 68 项污染物，其中有机污染物 58 项、重金属和氰化物 10 项，这些污染物已纳入国家环保总局的管理。在 1996 年制订的《污水综合排放标准》（GB 8978—1996）中，比 1988 年的标准增加了有机污染物浓度控制标准，共有 30 多项。1996 年新颁布的《大气污染物综合排放标准》（GB 16297—1996）规定了 33 项污染物的控制标准。对于有组织排放的污染物既有排放浓度标准，又有排放速率（排放量）标准；对于无组织排放则规定了厂区内空气最大允许浓度标准。

图 4.27　2000 年魏复盛（右三）到苏州市环境监测中心站调研

由此可见，国家在制订污染物排放标准时，已经把部分有机污染物纳入控制管理。但是，魏复盛强调，对环境介质中的有机污染物，我国还缺乏系统的采样和分析方法；缺少对环境和污染源的全面调查研究，污染的现状和变化趋势不清，这给管理和制定标准带来很大困难。事实上，有许多工业排放的废水、废气、废物含有各种有机污染物，未加任何处理就任意排放；没有筛选和确定各环境介质要重点控制的有毒有害污染物的名单；还没有形成采用清洁生产工艺和最佳实用治理技术以减排有毒有害污染物的机制。因此，我们面临的任务十分艰巨。

魏复盛关注有毒有害的有机物对环境的污染和有毒有害化学品污染对人体健康影响问题的研究，并且通过研究课题立项进行了认真的调查，实事求是地做出客观分析，对发展趋势提出认识和思考。2001 年 2 月 9 日，时任国务院副总理温家宝到中国环境科学研究院与环保领域有关专家进行座谈，会上魏复盛做了题为“有毒有害化学品环境污染及环境安全防治对策研究”的汇报。同年，魏复盛就关于“有毒化学品污染及对策建议”又向全国政协做了汇报。时任政协副主席钱伟长听后很感兴趣，非常关注，将魏复盛的这份材料推荐给学术刊物发表。

图 4.28　2002 年，魏复盛（左三）参加河南省有毒有害有机污染物研究成果鉴定会

在汇报中，魏复盛提出针对有毒有害化学品环境污染的监

督管理和安全防治建议：①搞清国情，对有毒化学品环境污染的来源、污染负荷、现状及主要问题开展深入系统的调查研究；②开展基础研究，了解有毒化学品污染对人体健康及生态环境的影响，进行化学品环境风险评价研究；③建立国家有毒化学品污染控制方案，研究提出重点控制名录、行业、减排目标及措施；④研究拟淘汰的落后产品、生产工艺的清单及实施步骤；⑤调整产业结构、开发和推广清洁生产工艺的规划；⑥建立环境监督管理体系，在以上工作基础上尽快制定国家的有毒、有害化学品污染防治法；⑦建立监测方法体系，首先制定重点化学品的监测分析方法，制定控制法规、标准体系，加强监督管理，控制有毒化学品污染。

图 4.29　2008 年，魏复盛（中）参加国家地表水有机污染物监测分析重点实验室学术研讨（左五于红霞）

在重点对有机污染物展开调查研究的过程中，魏复盛与刘士励博士和解天明博士进行了学术交流。他们两人长期工作在美国环境保护局的合同实验室，既有较高的学术水平又有较强的实际管理经验。他们很关心国家环境保护事业的发展，也非常热心地希望帮助国内把有机污染的监测调查和实验室分析体系建立起来。魏复盛抓住这个机会，请他们回国，在各地举办学习班，对基层的监测技术人员进行培训。在魏复盛的建议下，经过解博士和刘博士的沟通和努力，与康涅狄格州立大学开展合作，学校分期分批接受国内的环境监测技术人员20 多人作为访问学者前去交流，学习有机物采样、样品预处理、GC、HPLC、GC/MS和真空采样罐预采气样GC/MS 测定等技术方法。这些从事环境监测工作的技术人员通过进修交流，不仅学习掌握了先进的技术方法，而且开阔了眼界，增强了能力，在推动我国有机污染物监测分析方法的建立和开展深入的调查研究中都发挥了重要作用，他们中的许多人也都成长为国家或地方环境监测技术骨干和学科带头人，如刘廷良、胡冠九、谭培功、曲健、刘景泰等。胡冠九工作的江苏省环境监测中心建立了部级水质有机污染物重点实验室，为国家制定了水质有机污染物监测分析标准方法 20 余项。曲健工作的沈阳市环境监测中心站建立了部级空气有机污染物重点监测实验室，为国家制定了空气有机污染物监测分析标准方法 15 项。魏复盛被聘为这两个有机污染物重点实验室学术委员会主任，支持他们进行了大量开创性的有机污染物监测分析方法建立及环境污染深入调查。谭培功研究员牵头青岛市环境监测中心，为国家制定有机污染物监测分析标准 10 余项。这些技术骨干在有机污染物监测与控制管理方面发挥才干，起到了带头和示范作用。

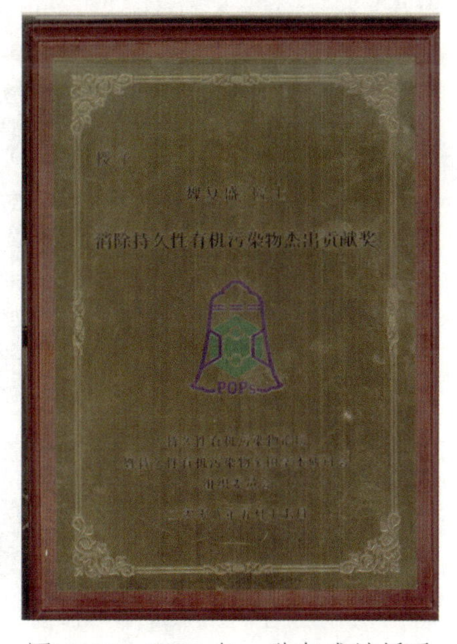

图 4.30　2008 年，魏复盛被授予“消除持久性有机污染物杰出贡献奖”

图 4.31　2008 年，魏复盛参加国家 973 计划 POPs 项目结题课题验收会（前排左五魏复盛，左四王文兴院士，右二江桂斌院士，右三陶澍院士）

第五章

开拓环境污染暴露剂量监测与评价

20 世纪 70 年代初，魏复盛在下放到铜陵冶炼厂接受再教育时，以及在中科院化学所进修学习期间，读到一些有关环境污染对人类健康影响的报道，特别是当时资料中描述的“世界八大环境公害事件”对人体健康所造成的危害，给他留下了深刻的印象。在后来从事环境问题调查课题的研究工作中，魏复盛对环境污染与人体健康的影响问题就有了特别的关注。在工作中，魏复盛深深认识到，提高广大人民群众的环境意识是非常重要的，但是更重要的是要加强领导干部的环境意识，因为他们是决策者。领导干部如果对环境与健康的重要性有所了解，在制定政策时就会有所考虑和侧重。到了 20 世纪 90 年代，随着环境监测工作的深入，魏复盛从对环境与健康问题的关注到逐渐进入参与相关项目的研究中。他满怀着强烈的事业心和责任心，踌躇满志地投入环境污染对健康影响的研究工作。

1. 空气污染对呼吸健康影响研究

魏复盛承担的这个研究课题其实酝酿已久。早在 1980 年初，美国环境保护局局长到访，商讨中美环保合作事宜，与时任国务院环办主任李超白分别代表两国政府签署了《中美环境保护科学技术合作协议书》。根据合作协议备忘录要求，在 1986—1987 年，中美两国的环保局代表商讨进行流行病学的合作研究。该研究项目于 1987 年 9 月在由中美双方环保局局长出席的华盛顿特区会议上通过。项目内容是，选定国内的几个城市，由当地环保局承担污染监测，以及对二年级至六年级学龄儿童的肺功能和其他健康项目进行检测；美国环境保护局大气研究与暴露评价实验室、健康影响研究实验室和中国国家环保局共同进行数据分析、解释和总结。1989 年签署了项目合作协议，因故搁置。

1991 年 6 月和 1992 年 9 月，中美科学家在北京召开了重启该研究课题的研讨会。为了加强研究课题的管理和技术指导，国家环保局任命魏复盛为研究课题的中方首席负责人。

魏复盛接手这项研究课题后，为课题研究的规范化管理，能够达到研究目的和取得期望的结果，做了两件重要的事。第一，争取到了外方的经费支持。对于研究项目，美方只提供采集 $PM_{2.5}$ 和 $PM_{2.5\text{-}10}$ 及测量肺功能的仪器设备，不提供经费，而当时国家环保局和地方环保系统认为这个课题太超前了，不予立项。于是，魏复盛在与美方专家会谈时提出："共同合作就是要取长补短，发挥双方的优势，共享课题成果。美方在课题设计的思路、污染物暴露剂量监测等方面有先进的技术，值得我们学习，并给我们提供了粗细颗粒物双道采样器和肺功能测定仪，但根据我们前期先导性研究的实际经验和各地方环保系统现实情况，还需要投入一定量的资金，方能保障课题研究的顺利运行。"这样，魏复盛从美国环境保护局争取到每年 6 万美元的经费，资助支持课题研究，由此也促成了给予地方环保系统相应的配套经费支持。第二，加强内部管理。20 世纪 90 年代初期，能参与中外合作研究课题并有出国机会是令人羡慕的，但是难免出现一些出国机会被挤占的情况。为此，魏复盛对课题组进行了整顿，与地方环保局沟通协调，提出凡真正参与研究工作并做出成绩后才能有资格参加出国考察学习，从而调解了矛盾，调动起了大家的积极性。

1993 年 10 月，研究课题的协议获得批准。1993—1997 年，魏复盛作为课题组中方总负责人，按计划在广州、武汉、兰州、重庆四个城市实施课题研究。这四个城市，在城区选一所小学代表污染点、在郊区选一所小学代表清洁对照点，共 8 所小学进行了长达 5 年的调查研究。广州、武汉、兰州、重庆分别由陈旸、何庆慈、田求学、彭中贤负责。总课题组织协调、质量保证。数据收集及处理等由滕恩江、吴国平、胡伟、林贻菲负责。

图 5.1 1995 年，魏复盛在美国新泽西州立大学参加研讨会前与课题组成员合影（左起：Jim Zhang、Chapman、魏复盛、滕恩江）

环境空气污染对人体健康的影响研究，在当时是国际上的热门和前沿课题。国外已有一些关于空气污染暴露对儿童呼吸健康及肺功能影响的研究报道，但是研究结论差异很大，其原因是空气污染物浓度低、观察时间短、人口流动性大，难以获得暴露剂量与效应间相对应的关系。

因此，中美环境保护科技合作在中国实施这项研究，一是因为我国城市的空气污染范围广，有高浓度的地区，也有相对清洁的地区，城市的空气污染类型也有差异，空气污染有轻有重，像是一个“天然暴露实验室”，提供了独特的研究条件；二是研究对象儿童是对空气污染最敏感的人群，其肺功能的生长发育和呼吸系统的健康受空气质量好坏的影响具有重要的参考意义。

根据城市空气中污染物的水平及其类型的差异，在全面研究中选择了广州、武汉、兰州和重庆 4 个城市，其环境空气质量都有多年的监测数据。广州市位于珠江河畔，属亚热带地区，城市中心人口密度大、车流量大。汽车拥有量增长很快，在 1995—1996 年使用的都是含铅汽油，加上其他工业污染，是较早出现氮氧化物污染迅速增长的城市之一，且氮氧化物处于较高污染水平。武汉市气候湿热，城市人口达 600 万，工业和民用燃料主要是煤，在 1995—1996 年，民用炊事燃煤污染较为普遍。兰州是一个以大型石油、化工、冶金工业为主的城市，地处西北干旱地区，植被稀少；城市分布在一狭长河谷盆地内，因一年中约有 310 天出现逆温，大气污染物极不易扩散，颗粒物污染的严重程度在全国位居前列，二氧化硫、氮氧化物污染也不低。重庆市是西南工业重镇，也是我国著名的雾都，空气污染为典型的煤烟型污染，主要以二氧化硫和气溶胶为主，是酸性气溶胶的高浓度区域，其二氧化硫污染在全国城市中名列前茅。从以往的监测数据来看，城区和郊区共计 8 个点位，各项污染物的浓度既有低于国家标准值的，也有远远超过国家标准值的。

我国一般家庭的住房结构比较简单、居住面积也较小，居民的饮食习惯是每天都要烹饪食物，产生的大量油烟烟雾是室内污染的主要原因之一。此外，我国成年男人吸烟比例高，也是室内污染的一大因素。由于国人的生活习惯及居住相对固定，家庭很少搬迁，因此适宜进行长期的跟踪调查。

以这 4 个城市为样本，魏复盛带领环境监测总站的科研人员与当地的环保所和监测站一起，开始了长期的空气污染暴露对人体呼吸健康和儿童肺功能变化影响的研究。在 5 年时间里，魏复盛作为中方组长，在项目的开展过程中以良好的领导和协调能力，保障了合作项目在平等互利的基础上取得了预期的成果，并给后续的合作项目打下了基础。

这项课题具有研究对象多，工作样本量大，内容丰富和广泛的特点，魏复盛带领研究团队主要开展了空气环境质量监测、空气颗粒物中元素组成分析、儿童肺功能及身高和体重的测量、家庭一般情况和儿童健康问卷的调查等工作，由此取得了大量数据信息，进行了涉及室内外空气污染对儿童及其双亲呼吸健康的影响、室内外空气污染对儿童肺功能的影响、儿童呼吸系统疾病与肺功能的关系、儿童形态发育与肺功能生长、大气环境质量现状和颗粒物的浓度水平及元素组成等方面的分析研究。

图 5.2　1995 年，“空气污染对呼吸健康影响研究”课题组中美专家讨论工作（前排右一魏复盛，右二 Chapman）

在研究中，为了保证监测数据及肺功能测量数据的可比性和准确性，研究团队设计了全程序的质量保证及质量控制。在 $PM_{2.5}$、PM_{10} 颗粒物采集时，对仪器进行反复校准，绘制相应的线性方程；用空白滤膜及质控滤膜检验称量的准确性。在肺功能测量中，对儿童进行了相应的培训，选择部分用自动记录仪记录肺功能曲线，用手工法测量肺功能指标，并将结果与计算机判读结果进行比较，以保证数据的可靠性。空气污染物的监测和儿童肺功能的测量是项目研究的基础。魏复盛带领研究团队于 1993—1994 年在预研究的基础上，1995—1996 年开展了为期两年的 $PM_{2.5}$、PM_{10}、二氧化硫和氮氧化物的监测。他们充分发挥在环境监测方面的技术优势，在选定的 8 所小学，首次用大气颗粒物双道采样器，采集了空气颗粒物 $PM_{2.5}$、$PM_{2.5\text{-}10}$ 的滤膜样品，监测频率为每季 12～15 次，每次为 24 小时均值，取得了 $PM_{2.5}$、$PM_{2.5\text{-}10}$ 两年中的季均值和年均值。测得 PM_{10}（为 $PM_{2.5}$ 与 $PM_{2.5\text{-}10}$ 之和）的年平均浓度梯度为每立方米 95～273 微克，$PM_{2.5}$ 的年平均浓度梯度为每立方米 57～160 微克。当时课题组对 $PM_{2.5}$ 和 PM_{10} 所做的系统性的及长时间的采样监测和分析，在全国尚属首次。

同时课题组还选择出了不同季节、不同监测点位的 280 个粗细颗粒物样品，送美国环境保护局三角公园大气研究与暴露评价实验室，用标准 X 荧光光谱法测定了 42 种元素。从颗粒物中污染元素的体积浓度、质量浓度、污染元素的聚类分析，及对照点和污染点污染元素的富集因子比较，来分析颗粒物化学组成与特征。

图 5.3　1995 年，美方专家 Jimmy C.Pau 博士在重庆为课题组成员讲解双道采样器原理和使用

1993—1996 年，借助美方的经验，研究设计了流行病学调查的方案。在先导研究的基础上，每个城市选择两所小学，

城区污染较重的作为污染点、郊区污染较轻的作为清洁对照点。这 8 所小学的在校儿童全部作为调查对象，进行了包括儿童及其双亲健康和家庭生活环境的问卷调查，每个家庭涉及 225 个问题，共调查了 8 196 个家庭，24 000 余人。通过问卷调查，再选择出部分符合条件的 2～5 年级的学生，每年分冷季、暖季进行两次肺功能测量，测试肺功能有关指标约 20 项，每个学校测了 6～7 次，总共测试了约 15 000 人次。由胡伟博士对所有的数据进行了审核，建立了室外空气质量数据库、家庭健康调查问卷数据库、儿童肺功能测试数据库，以及家庭健康调查问卷和肺功能测试数据合并的数据库。在此期间，美国环境保护局的研究人员对数据库做了进一步的审查，以确保数据的有效性和准确性。

从纷乱复杂的现象中取得预期研究成果的关键，是科学合理的课题设计，收获准确可比的数据和资料、建立适用的数学模型进行统计分析。魏复盛与研究团队以这样的既定研究路线，在调查、监测、测试的基础上，获得了 300 万个数据资料。为了控制各种混杂因子的影响，找出污染因子与健康项目统计的关联性，阐明污染对健康的影响，他们进行了 3 年的统计分析，取得了令人满意的结果。

4 个城市比较，兰州市颗粒物污染最重，重庆市二氧化硫污染最重，广州市氮氧化物污染最重，武汉市污染居其后；同一城市城区污染点各项污染物浓度均高于郊区对照点。经过对 $PM_{2.5}$、PM_{10}、颗粒物、二氧化硫、氮氧化物年均值进行 Q 型聚类分析，兰州的两所小学污染严重，其余 3 市城区小学污染中等、郊区小学污染相对较轻。这种聚类分析，在进行空气质量对呼吸健康及儿童肺功能影响分析中证明是有说服力的。对 $PM_{2.5}$、PM_{10} 的质量浓度分析表明，以 1995 年为例，4 市 8 校的 $PM_{2.5}$ 均严重超标，是美国标准的 3.8～10.7 倍。除武汉郊区点外，其余 7 所小学 PM_{10} 均超过我国的国家标准，其值是标准的 1.28～2.34 倍。对粗细颗粒物中的 42 种元素分析表明，来源于化石燃料和工业污染的化学元素铅、砷、硒、铜、锌、硫、氯、溴等在 $PM_{2.5}$ 中大量富集，富集倍数高达数十倍至上万倍。

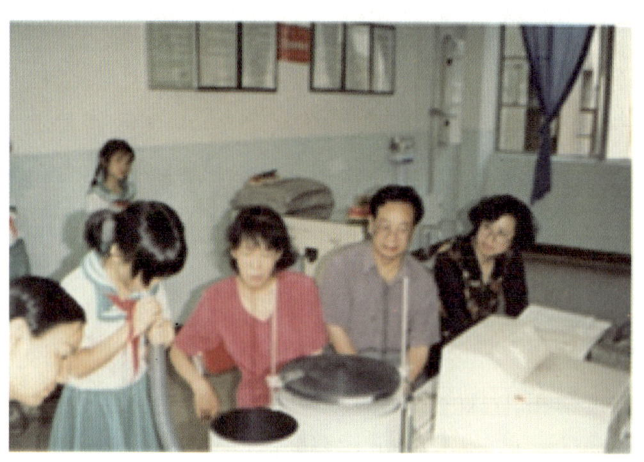

图 5.4　1995 年，课题组在武汉进行小学生肺功能测试（右起：刘砚华、魏复盛、孔伶俐）

流行病学研究发现，室内外空气污染会导致儿童呼吸系统患病率的升高以及儿童肺功能的降低。儿童患呼吸系统疾病、室内外空气污染、儿童营养状况等因素，均会对其肺功能产生一定影响。魏复盛与研究团队采用多种数学模型和统计分析方法，对 4 市 8 校 8 000 余个家庭的 24 000 余人所做的调查数据和对 15 000 人次的肺功能测量数据，进行了较深入系统的分析研究，得出室外空气污染与儿童肺功能异常率之间存在显著的正相关关系，即污染程度越严重，儿童肺功能异常率也越高，特别是颗粒物污染与儿童通气功能障碍或通气功能紊乱指标之一的 FEV_1/FVC 异常率呈显著或极显著性的正相关关系，揭示出的这些规律比国外已有的研究报道更为显著和清晰。20 世纪 90 年代以来，我国许多城市的空气颗粒物污染成为首要的污染因子，因此制定防治对策和实施防治措施是十分重要的。魏复盛团队的研究结果比较充分地证实，城市空气细颗粒物和可吸入颗粒物的污染对健康的危害十分突出，“$PM_{2.5}$、PM_{10} 对人体呼吸健康危害最大，其次是二氧化硫和氮氧化物，处于生长发育期的儿童更易受到空气污染伤害”的研究结论，促使人们充分认识到，良好的空气质量对保护人们健康及儿童肺功能生长发育有重要作用，良好的环境质量也是提高现代人生活质量的重要指标之一。

这项研究所获得的空气污染物与健康的相关性，有助于进一步地深入研究和验证室内外空气污染对人体呼吸系统健康的影响，并且为政府制定政策，制修订空气质量标准，采取治理措施提供了必要的理论基础和科学依据。

图 5.5　1996 年，魏复盛（前排右一）与课题组成员在武汉

魏复盛凭借着对环保事业的责任心和对研究工作的坚持，带领研究团队在 5 年的时间里，不辞辛苦地穿梭于 4 市 8 校的监测点位，指导和协调地方环保局和监测站在研究过程中出现

的偏差，监督各地研究工作的进程，严格审核各项监测和测量数据，及时解决问题。最终，研究项目取得了预期的成果。在国家环保总局主持召开的成果鉴定会上，给予课题的评价是：这样规模大、观测系统时序长、内容丰富的“空气污染对人体呼吸健康影响研究”在国内尚属首次；在研究方法设计与多种污染物统计模型分析方面有创新，研究成果总体上达到同类研究的国际先进水平。采用巢式结构设计进行长期跟踪监测和肺功能测量；对空气中的 $PM_{2.5}$、PM_{10} 颗粒物及二氧化硫和氮氧化物等污染物采用浓度聚类分析及一元一次回归分析、两步回归分析、队列分析等多种统计分析方法，研究了室内外空气污染对人体呼吸健康及儿童肺功能的影响，其设计方法与研究分析方法有创新。

2001 年，魏复盛与美方首席专家 Robert Chapman 博士合著《空气污染对呼吸健康影响研究》一书，对研究项目进行了全面、客观、详细的论述，阐述的观点清晰，数据资料丰富，对研究内容作了系统的梳理，为我国和美国及其他国家的环境健康风险评价提供客观的、可比较的定量暴露—响应研究的基本资料，有助于国际环境科学团体进行气溶胶污染对呼吸系统健康影响研究的深入评价和借鉴。与此同时，项目研究团队的每个成员都对所做的工作进行了认真系统的思考和提炼，总结撰写了 40 多篇论文，陆续发表在国内外的专业期刊杂志上，为推动环境污染与健康的研究提供经验与交流。

由于大家的共同努力，该项目在 2004 年获得了北京市科学技术奖二等奖，在其他城市也获得了相应的奖励。这是对魏复盛及其团队跨国合作研究环境和健康课题取得重大成果的褒奖，也意味着在环境与健康研究的路上，魏复盛走出了坚实的一步。他在总结中谦虚地说：“因为我们是环境化学和环境监测的科技人员，对流行病学研究不熟悉，实在是边干边学，在研究的过程中得到了美国 Robert A. Chapman 博士、Jimmy C.Pau 博士、Jim Zhang 博士和中国疾病与预防控制中心资深流行病学专家何兴舟教授的许多指导和帮助。”①

北京市科学技术奖

№ 2003环-2-002-01

为表彰在推动科学技术进步、对首都经济建设和社会发展作出贡献者，特颁此证，以资鼓励。

获奖项目：

空气污染对呼吸健康影响研究

获 奖 者：魏复盛

获奖等级：贰等奖

北京市人民政府

二〇〇四年二月

图 5.6　2004 年，“空气污染对呼吸健康影响研究”课题获得了北京市科学技术奖二等奖

魏复盛的科研历程，始终是脚踏实地认真求索，坚持不懈地努力奋斗。他在环境与健康这个交叉学科领域虚心学习，到中国疾病预防与控制中心旁听研究生的基础课，学习相关的医学知识，钻研有关健康医学研究的方法学，及时地将理论知识应用于指导实践。

在这项中美合作课题开展研究的 5 年时间里，魏复盛关于环境对健康的影响有了更多的思考和认识。他谈到，人的生存与环境是密不可分的，环境因素对人类健康起着十分重要的作用；自然界发生的变化、水或大气环境受到污染，以及进入到土壤和食物中的有害物质，都会对人的健康产生直接和间接的影响。但是环境污染对健康的影响是很复杂的，是有多种因素综合作用的，如人在环境中的暴露方式、接触污染物的时间长短、环境中有害物质的浓度、个人自身机体的健康、人的基因组成、人群营养习惯乃至心理感受等。人

① 魏复盛访谈，2019 年 3 月 9 日，中国环境监测总站。

们生活在现代社会的环境中，自然会接触或者不可避免地暴露在各种化学物质中，那么对于周围环境中出现的各种污染物，不要简单地以有无论是非，而要以暴露剂量的多少和暴露时间的长短，有多大风险来做判断，要辩证地、客观地看问题，要重视污染物的长远危害。魏复盛以自己所主持的多项研究课题为基础，结合多年的工作积累，思考着将工作的重点方向着重于环境污染暴露剂量的监测与评价，以期为环境与健康交叉学科领域的研究做些探索。

2. 多环芳烃暴露剂量监测与评估研究

多环芳烃是世界上最早发现的对人类有致癌效应的一类污染物，由于它可以诱发多种癌症而引起世界各国科学家的关注和深入研究。环境中的多环芳烃可在森林大火、火山爆发和生物合成中产生，因此在环境介质中有一定的本底值。但它主要是工业化过程大量使用化石燃料（煤、石油、天然气）以及生物质燃料裂解和不完全燃烧产生的副产物。此外，食品的高温爆炒、油炸、熏烤加工也会产生多环芳烃。随着我国工业和城镇化的快速发展，化石能源消耗成倍增

图 5.7　2001 年，魏复盛在鞍山项目启动会上讲话

长，特别是焦化煤气、有机化工、炼钢炼铁和发电等工业企业的废气排放成为多环芳烃的主要污染源，环境中多环芳烃污染浓度不断增加，与之相关的癌症，特别是肺癌发病率和死亡率增加了数倍，成为威胁人体健康的危险因素之一。关于多环芳烃的污染状况、致癌机理、暴露剂量风险评价以及防治技术成为科学研究的热点问题。

2001 年 10 月，魏复盛作为中方首席科学家，代表中国环境监测总站，与美国新泽西医科大学共同承担了美国癌症研究所的科研项目——“用多环芳烃生物标志物定量评价癌症风险的可行性研究”。课题历时 3 年，于 2004 年 10 月完成。

图 5.8　2002 年，魏复盛与“多环芳烃暴露监测与健康风险评价”研究团队在鞍山（前排右二魏复盛，右三张军峰，左一杨洪彪）

课题的研究现场在辽宁省鞍山市，选择了当地 100 名不吸烟的健康成年人作为受试对象，其中 50 名为工作在炉顶、炉侧或炉底的焦炉工人，50 名为炼钢管理人员和清洁区办公室工作人员。研究不同工作环境里人群的多环芳烃日暴露量、来源及暴露物中多环芳烃化合物间的相关关系，为多环芳烃暴露风险评价提供基础数据，对不同工作环境人群采取措施减轻多环芳烃暴露危害提出建议。在课题开始的第一阶段，魏复盛 5 次来到鞍山进行实地考察、落实具体的工作安排，他与美方的首席科学家张军峰博士一起对鞍钢化工总厂及其焦化厂、鞍山市环保监测站等地进行了现场考察，在开始采集第 1～10 名受试者的样品时，他们亲临现场进行指导。

参与课题研究的博士生段小丽，现在已是北京科技大学能源与环境工程学院的副院长，对当时的情景记忆犹新。她说："我很敬重魏老师。他对于整个研究工作非常认真严谨，工作安排井然有序，前期做充分的考察调研讨论，随后的采样、实验室测试分析责任明晰、分工明确，适时进行研讨和总结。我的博士论文是基于这项研究开展的，在参与课题的全程研究工作中，从调查、采样、实验室测试到结果的整理和统计分析、建立数据库、发表论文、参加国内外的学术讨论会并作大会发言，都得到了魏老师的悉心指导。我受益于研究课题，完成了博士论文，而更多的收获是来自于魏老师的言传身教。他对工作一丝不苟、认真负责的精神带动着我，在点滴小事上严于律己、宽以待人的谦和态度影响着我，更让我深有感触的是魏老师对科学研究的谦虚和敬业，对同事和学生的真实和诚恳。他考虑到我们理工科学生缺乏环境健康方面的基础知识，就请来环境流行病学研究的专家何兴舟教授给我们讲授环境流行病学的课程；他引荐并给我提供了同何兴舟教授进行更多的深入交流的机会。他平和而又耐心地与鞍山市环境监测中心站杨洪彪站长及参与人员针对工作安排和实验分工进行认真的讨论和交流。对课题他既从宏观上把控，又考虑细致周全协调各方力量，样品的采集和前处理工作在鞍山市完成，样品分析工作在美国新泽西医科大学和中国环境监测总站进行，数据处理和分析工作由中美双方共同承担，研究工作有序地推进。"①

暴露剂量评价与传统环境监测所不同的是，所采集的样品

① 段小丽访谈，2021 年 10 月 21 日，中国环境监测总站。

要反映“受体”人对污染物的实际接触水平。由于人在环境中是不断移动的，仅采用传统的固定点位采样装置难以反映人实际的暴露水平。此外，多环芳烃类污染物在颗粒态和气态同时存在，如果仅采集滤膜也不能全面表征多环芳烃的暴露水平。因此在采样之初，魏复盛带领团队要解决的第一个关键技术难点就是“采样”。由于美方提供的“个体采样泵”仅能采集滤膜，因此课题组经过反复研究，自己设计绘图并找人加工，对采样泵进行了改装，即在 PM_{10} 切割头后端增加可以用于安放聚氨酯泡沫（PUF）的装置采集气相，由此同时采集和评价个体对颗粒态和气态多环芳烃的实际暴露水平。就是利用这样经过改装并可以“佩戴”的个体采样装置，对 100 名受试者在采暖期和非采暖期的日均暴露进行了采集。在实验中，让每位受试者佩戴“个体采样泵”，在参与实验的 24 小时之内，无论受试者走到哪里，这个采样泵就要跟到哪里，这样采集的滤膜可以真实全面地反映受试者实际的日均暴露水平。研究结果表明：对于苯并[*a*]芘（一种强致癌物，是研究多环芳烃的代表化合物）等高环化合物，人体呼吸暴露有 95%以上均来自颗粒物 PM_{10}，而对于 2～3 环多环芳烃，如萘等，有 80%～90%来自气态，即使是对于芘这样的四环多环芳烃，也有约 60%来自颗粒物 PM_{10}，其余 40%来自气态。可见，若不采集气相样品，呼吸暴露评价结果不准确，在后续建立生物标志物与个体呼吸暴露关系时将产生较大偏差，通过增加 PUF 采集装置则有效避免了这种评价偏差的产生。现在我们对“可穿戴式”装置并不陌生，但是在 20 年前，国内利用这种个体采样技术对一般人群的暴露量进行评估是屈指可数的，而改装的个体采样装置能同时采集颗粒物和气态中多环芳烃在国内尚属首次。这项成果获得了国家发明专利和实用新型专利。通过对研究中每一个微小细节认真负责的把关，魏复盛带领团队攻克了一个又一个的难题，从而保证

图 5.9　2002 年，魏复盛主持研究项目技术研讨会

了实验过程的科学性和结果的可靠性。

这项研究的第二个关键技术是对总暴露剂量的准确定量，以建立内外暴露之间的关系。在此过程中，饮食暴露是不可忽略的主要途径。饮食暴露的评价方法一般有“食物频率法”和“副盘法”两种。前者是采集和调查超市、菜市场等食物样品并分析其中的多环芳烃含量，然后与每名受试者摄入这些食物的频率结合进行估算，得到饮食暴露剂量；而后者是在受试者吃饭的过程中采集其等样等量的食物样品进行分析，并直接得到其暴露剂量。食物中的多环芳烃很大程度上取决于其加工方式，如烧烤比蒸煮要多产生数倍的多环芳烃；即使同样的食材，加工方式不同其多环芳烃的含量也有所不同。由此可见，若采用“食物频率法”，虽然工作量要小很多，但是并不能真实反映人体实际对多环芳烃的饮食暴露水平。魏复盛和张军锋博士带领团队，经研究决定，采用更为直接的评价方法“副盘法”对受试者的实际暴露剂量进行评价。在实验中，他们克服的最大难关是前处理，通过一次又一次的方法探索，经过在中方和美方两个实验室反复的比对分析，有效地提高了方法的回收率和重现性，保证了研究结果的准确性。最终研究结果表明：焦炉工人苯并[*a*]芘日均暴露剂量是每天 9.2 微克（最高可达每天 156 微克），是一般人群的近 12 倍，远超过了世界卫生组织建议的日均摄入水平（每天 3 微克），存在发生癌症的较大风险。此外，受

试者暴露来源的比例也有所不同。焦炉工人的日暴露以呼吸暴露为主，占 90%以上；一般人群则以饮食暴露占很大比重，呼吸暴露不足 30%。该结果对于不同人群的多环芳烃暴露防护优先措施具有很好的参考价值，焦炉工人要注意加强职业防护、改善工作环境应为优先措施；而一般人群，在改善其空气环境质量的同时，要特别注意合理膳食，少吃经烟熏或烧烤的多环芳烃含量高的食品。与此同时，经过研究准确定量了暴露剂量，也为后续生物标志物和致癌风险的研究奠定了良好的基础。

课题研究突破的第三个关键问题是生物标志物的检测和选择，以及构建肺癌风险评价模型。生物标志物又称生物标记物，是指机体内出现的细胞学、生物化学或分子水平的变化，这种变化在人体组织、细胞或体液中可以定量测定。美国科学研究理事会生物标志物委员会将生物标志物描述为"反映生物系统或样本中所引发事件的指标，并将其视为阐明接触与健康损害之间的工具，可以表达因接触而引起疾病之间一系列事件连续谱中的各种信号"。因此，通过方法学和描述性统计分析及初步的定量统计分析，探索"用多环芳烃生物标志物定量评价癌症风险"的可行性，以其为环境污染对人体健康的危害影响作出科学的评估，并提出行之有效的防范措施。

一个好的生物标志物需要同时具备特异性和灵敏性两个特点。对于尿液中 1-羟基芘的研究其实已经不是首次，早在 20 世纪 80 年代，荷兰科学家和北京市环科院的赵振华等就已经开展了研究，而且尿液中 1-羟基芘的分析方法相对成熟。但是，由于 1-羟基芘是芘的代谢产物，而芘本身并不致癌，若用尿液中 1-羟基芘来预测癌症风险则比较"间接"。这次多环芳烃生物标志物研究想探索的是可否用尿液中 3-羟基苯并[*a*]芘，即苯并[*a*]芘在尿液中的直接代谢产物来作为生物标志物。然而 3-羟基苯并[*a*]芘在尿液中的代谢产物含量低，检测分析方法比较难，以前的研究并没有发现很好的规律。在魏复盛的指导下，课题研究人员一次又一次地进行实验，最终通过优化条件，提高了水解、萃取和浓缩效率，使得尿液中 3-羟基苯并[*a*]芘的浓度能够有效检出。由此攻克了第一个难题。但是，在尝试构建尿液中 1-羟基芘和 3-羟基苯并[*a*]芘的浓度与外暴露多环芳烃的浓度关系之时，他们意外发现，尿液中 3-羟基苯并[*a*]芘和尿液中 1-羟基芘与外暴露的关系竟然呈现了相反的趋势，也就是外暴露高的受试者，其尿液中 1-羟基芘也相应增加，但是 3-羟基苯并[*a*]芘的浓度却与外暴露呈现负的相关性。这究竟是怎么回事呢？通过一次又一次的思考和探索，在确保数据无误的前提下，他们提出了用尿液中 1-羟基芘和 3-羟基苯并[*a*]芘共同评价癌症风险的模型，前者反映暴露水平，后者作为反映代谢和解毒能力的指标，建立了用二者比值评价肺癌风险的模型，当尿液中 1-羟基芘越高而 3-羟基苯并[*a*]芘越低时，肺癌风险越大。由此创新性地提出了多环芳烃癌症风险的内暴露生物标志物评价方法，并给出了中国人群的生物暴露限值。对多环芳烃暴露的生物标志物研究，有助于评价这类污染物对人体健康产生的潜在

图 5.10　2002 年，参加研究项目技术研讨会的成员

危害程度。当时，该项研究在暴露评价、健康风险评估方面都是国内最早的研究典范，研究结果后期被广泛引用和参考。研究方法也对我国环境空气质量评价、环境健康在环境管理中的应用提出了新的思路，具有重要的科研价值和实践意义。

在这项研究的启发下，博士生段小丽毕业后在中国环境科学研究院工作期间，在国家环保公益科研项目的支持下，继续深入开展研究多环芳烃健康风险评估的方法，并通过多年积累出版了专著。魏复盛亲自为她的专著《多环芳烃污染的人体暴露和健康风险》作序，在充分肯定该项研究成果的前提下，他最后提道："期待有更多的研究成果问世，共同去推动此项研究，为风险评价和风险管理提供有力的科技支撑。"这也寄托着魏复盛对青年一代和未来更多人投入环境健康研究的期望。

3．硼污染对男性生殖健康影响研究

2002—2007 年，魏复盛的研究课题组在美国国家职业安全健康研究所及科技部国际科技合作重点项目的支持和资助下，与美国加利福尼亚大学洛杉矶分校（UCLA）的流行病学、男性生殖健康学专家 Wendie A.Robbins 教授团队合作，开启了为期 5 年的硼污染对男性生殖健康影响的研究。

21 世纪之初，美国科学家根据动物实验所获得的最低可见有害作用水平和暴露人群数量，对 43 种可能危害人类生殖健康的化学品进行了评价，硼酸被列为需要优先开展研究的 4 种化学品之一。硼是一种普遍存在于环境中的元素。在自然界中，它以各种氧化物的形态存在，如硼酸或硼砂等无机硼酸盐。硼是生物特别是植物生长所必需的营养元素，但数量过多又会使作物中毒。20 世纪 70 年代，研究人员开始对硼的毒性效应进行深入研究，并获得了许多重要的发现。硼影响人体的微量矿物质代谢、能量代谢、氮代谢以及氧化反应等，甚至能影响人的大脑功能、精神行为和雌激素的吸收。

环境中对人类健康有害的化学污染物，会对人体产生致畸、致癌、致突变“三致”毒性效应，还会有生殖毒性和免疫毒性影响。人若长期在特种工作场所里从事生产劳动，受到环境污染影响和健康损害的概率就更大，因此职业环境暴露对人体健康的影响会更为特殊和显著。

2002 年之前，世界上仅开展过 3 项有关硼与人体生殖健康关系的研究。其中一项研究结果表明，长期接触硼会导致睾丸萎缩甚至无精；而另两项研究没有发现硼及其化合物对生殖和发育产生影响，只是研究样本的后代中女性多于男性。这 3 项研究均没有获得个人硼暴露的定量数据，没有开展硼暴露与生殖健康定量关系的研究，没有评估硼对怀孕时间、妊娠延迟、自然流产等生殖功能的确定性影响，并且研究结果也不一致。

图 5.11　2002 年，魏复盛与 Wendie 教授在辽宁丹东

魏复盛的研究课题组与美国加州大学洛杉矶分校 Wendie A. Robbins 教授团队合作开展“硼污染对男性生殖健康影响的研究”，其意义在于探索通过环境污染暴露剂量的监测与调查分析，对职业环境暴露水平进行评价，对职业工人的生殖健康影响进行评价，建立起一套评价污染物对生殖健康影响研究的方法学，可为今后开展类似的研究提供借鉴和参考。

2002 年，魏复盛带领课题组前往辽宁丹东考察了宽甸县硼矿开采以及硼砂和硼酸生产的几个厂矿。当地的硼矿开采及硼酸和硼砂生产企业较多，规模不大，生产工艺也很简单，并且厂矿区粉尘污染都比较严重。课题组选择宽甸县作为研究基地，对当地的环境和厂矿进行调查并采集样品，初步选定若干个硼矿及硼加工生产厂所在区域为暴露点，同时在宽甸县各乡均匀设置背景采样点，分别采集了土壤、粮菜、地表水、地下水及空气颗粒物样品，并且在硼砂的各加工工艺车间设置了空气颗粒物采样点。

魏复盛带领研究课题组与 Wendie A. Robbins 教授团队一同反复探讨，按照科学的方法共同设计并完善研究方案和研究内容。双方发挥各自优势，对参加人员进行严格培训，制定了一系列的标准化操作规程。

按照总体设计的思路，课题研究分三个阶段稳步有序地实施推进。

第一阶段，课题组进行环境和硼职业场所的污染调查和流行病学调查，摸清情况，为项目研究区域的选择和研究对象的筛选准备了较充分的资料。

第二阶段，课题组选取少量的志愿者进行预研究，建立并检查所做的调查、环境与生物样品采集、保存及运输、监测分析方法是否行之有效；比较计算机辅助精子综合光学可视分析（IVOS）与传统光学显微镜精液分析方法；获取包括生殖激素及其他分子生物学指标等一批准确可靠的数据，为全面研究的设计与实施提供技术支撑，提供可借鉴的经验，并且在这个过程中培养和形成了一支规范的研究团队。同时，对预研究进行了总结及审核，修改不实用的部分，完善各种调查、采样、分析方法，使之规范化、标准化及实现质量保证和质量控制的程序化。

图 5.12　2002 年，中美双方研究人员在丹东现场召开研讨会

第三阶段，实施全面研究。通过各种环境介质的调查与监测，课题组发现硼矿区、硼砂和硼酸各道工序生产车间，空气的粉尘及硼污染严重，矿区和硼作业区的地表水、地下水和饮用水硼浓度及土壤、食品硼含量比对照区高一倍甚至高数倍；硼作业工人经空气颗粒物的日硼摄入量占总日硼摄入量的31.2%，通过饮食摄入量占总量的 68.8%。因此，确定对研究对象以不同的硼暴露水平分为三组：硼职业暴露组，硼暴露水平包括空气粉尘颗粒物硼暴露加饮食硼暴露；社区对照组，主要是饮食硼暴露，不从事与硼有关的工作；背景对照组，这些人群生活工作环境均未受到硼的污染。确定的三组研究对象在年龄、工作、生活环境、劳动强度、文化水平及健康状况、生活习惯上基本相似。

魏复盛以严谨务实的工作态度，督促着研究课题有序地深入推进。魏复盛对科研工作不辞辛苦的奉献精神也感染着课题组成员全神贯注地投入到工作中。在研究团队里，跟随魏复盛参与了多项科研课题工作的胡伟博士深有感触地谈道："魏院士说过，搞科研要不怕辛苦，要注重实践和亲自动手，往往只有深入第一线，才能发现很多问题。硼矿在山里，路途较远而又颠簸；硼砂生产车间里是粉尘弥漫，又呛嗓子又迷眼睛，能见度很低，环境脏乱差。当时我们课题组里的刘平、邢小茹和许军是魏院士指导的博士生，他们很担心魏院士身体吃不消。但他像年轻人一样充满活力，带领着学生走进硼矿区以及硼加工厂实地勘查、采集样品。下到车间里，魏院士在一台研磨机前停住脚步，不顾飞扬的粉尘和震耳的噪声，仔细观察、认真询问，直到完全搞明白了其工作原理和流程才走向下一处。一圈下来，到总结会的时候，他已经把各个工序的流程和原理弄得清清楚楚、明明白白，让人十分佩服。他还会与学生一起采集工人的尿液。无论走到哪里，也无论条件如何恶劣，他都不怕脏、不怕累，直到把事情弄得水落石出才罢休。"①

课题组的人曾劝他，这么大年纪了，把小事留给年轻人吧。他却说作为课题的领导者，如果不亲自去现场，就不会在实践中发现问题，从而想办法克服它，也就谈不上领导别人了。只有亲自动手才有发言权。他说："这次采集颗粒物样品就发现了问题，我们用美国先进的个人颗粒物采样器，原以为可以一次采 8 小时没有问题的，可是去了现场试验才发现不到 1 个小时，粉尘就把采样口堵得严严实实。如果不是亲自去现场，这些经验哪里会得来？"②

正是因为有着这种奉献精神，魏复盛全身心地投入工作，

① 胡伟访谈，2021 年 10 月 21 日，中国环境监测总站。
② 魏复盛访谈，2019 年 3 月 9 日，中国环境监测总站。

带领课题组不断完善研究方案。他们做了深入细致的采样和调查工作，对获取的大量数据资料，经过多种统计方法的分析和研究，取得了令人信服的结果。

课题从环境暴露评价和生殖健康影响两个方面，研究探讨了硼污染对男性生殖健康的影响。

在研究现场，硼矿开采、加工及附近地区的地表水、地下水、饮用水、土壤、粮食蔬菜和空气颗粒物中硼的含量水平比远离硼矿开采和硼工业生产区的背景对照区高。对硼职业暴露组、社区对照组、背景对照组的硼及其他元素经空气颗粒物、饮食等途径的个体暴露进行采样和分析，结果表明，职业暴露组日硼摄入量均值为每天 11.9 毫克，分别是社区对照组、背景对照组的 2.79 倍和 8.44 倍。在硼翔化工厂，因井水受到严重污染，在食堂就餐的工人日硼摄入量均值为每天 180 毫克。通过对个体的尿液、粪便、血清、精液硼的定量测定，分析人体液硼的含量，发现人体吸收的硼平均有 93.9%从尿液中排出，仅有 6.1%从粪便中排出。该研究中人体精液硼的浓度在国内外都是首次报告。精液硼相对于血清硼有明显的富集，富集倍数达 2.85。经肌酐校正，尿液硼、血清硼、精液硼浓度均与个体日硼摄入量呈极显著对数正相关关系。

优选尿液硼作为硼暴露的生物标志物，用于硼的污染暴露评估。经过相关性研究的比较和优选，他们观察到尿液硼与日硼摄入量相关性最好，而且尿样品易采集、保存和分析测定。可以用尿液硼浓度预测人体日硼摄入量，也可以预测血清硼、精液硼的浓度。

课题组对 957 名硼作业工人和 249 名对照人群开展了流行病学调查，通过生活习惯、生殖健康及男性配偶生育状况等 265 个问题的分析，在控制混杂因子影响后，发现硼暴露对自然流产的发生有产生不利影响的趋势，对男性不育有明显不良影响。

将自然流产、出生缺陷、死胎或死产、异位妊娠及子女先天发育不良等作为不良生殖健康事件综合考虑，硼暴露组发生不良生殖健康事件的危险约为对照组的 1.57 倍。此外，他们发现对照组子女性别比（男：女=118：79）接近于全国和辽宁省水平，硼暴露组子女性别比（男：女=109：44）低于对照组（不显著）、全国和辽宁省出生婴儿性别比，提示硼暴露组生女孩的概率相对大于对照组，硼暴露可能对硼作业工作者妻子的妊娠结局有影响。

图 5.13　2003 年，与参加课题研究的美国专家在丹东现场（左起 Xun Lin、魏复盛、Wendie，右一陈宇新）

在研究第三阶段，课题组用混合模型和 Logistic 回归等方法，统计分析了硼暴露对男性精液常规指标及精子运动参数等指标的影响。在控制了混杂因子，并将其他因子调整到同等水平后，硼作业工人、社区组和背景对照组三组研究对象的精液常规指标测量结果间没有显著差别，即在现有硼暴露水平（潜在日硼摄入量为每天 0.46～345 毫克）下，职业硼暴露没有对精液常规指标有负面影响。对反映机体负荷水平的生物监测指标——精液硼浓度、血清硼浓度和尿液硼浓度与精液质量的关系进行分析，也同样没有发现具有显著相关性。但背景对照组研究对象的睾丸体积显著大于硼暴露组和社区对照组，并且睾丸体积对精液质量有显著正影响，提示硼暴露可能有使睾丸缩小的趋势。

为了更深入探讨硼暴露对生殖健康的影响，魏复盛率领中方课题组克服困难，做好生物样品的采集、保存和运输质控措施，依托美方先进技术和资源，开展了精子染色体异倍性检测、彗星试验、TUNEL（末端转移酶介导的 dUTP 末端标记法）试验和血清生殖激素检测结果的分析。他们发现，无论是 X 单倍体还是 Y 单倍体，硼暴露组和社区对照组与背景对照组比较均有显著差异，硼暴露组和社区对照组的精细胞染色体 Y/X 比值明显低于背景对照组，这与文献中报道的和第一阶段流行病学调查发现的男性硼作业工人中生女孩的概率略高的结果相一致。通过三组人群血清中的 5 种生殖激素和性激素结合球蛋白（SHBG）含量水平分析，发现雄烯二酮浓度和黄体生成素（LH）浓度三组间有显著差异，总睾酮浓度差异不显著，但在暴露组、社区对照组和背景对照组间有依次增加的趋势，从分子生物学角度说明硼酸（硼砂）对某些生殖激素有一定的影响，是一种较弱的环境雌激素。

在采用电感耦合等离子体原子发射光谱法（ICP-AES）或电感耦合等离子体质谱法（ICP-MS）对环境及生物样品中硼进行分析的同时，魏复盛延续缜密思考的习惯，对砷、锶、锌等近 20 种元素同期进行了检测和分析。发现硼暴露组精液中元素砷、锰和铅的富集因子大于 5，提示硼作业工人长期职业暴露可能会使精液元素砷、锰、铅产生蓄积。这些探索为后来研究职业硼暴露对男性生殖健康影响时，元素砷、锶、锌、铜、锰及铅的联合暴露及效应修饰作用提供了线索。

尽管研究历时 5 年，期间得到了大量的流调、环境监测、生物样品检测及分子、细胞生物学等数据，用多种统计模型对暴露和效应进行了分析和验证，魏复盛仍然对最后的研究结论慎之又慎。他对文献调研中动物发生生殖毒性的硼暴露水平和硼作业工人的暴露水平进行了细致对比，发现文献中动物发生生殖毒性的硼暴露水平均在每千克 1 000 毫克以上，推演至人类（按 60 千克体重，应为 60 000 毫克，再按安全剂量十分之一计，则为 6 000 毫克），人类硼暴露（该研究硼暴露每天 0.46～345 毫克）远远没有达到这个暴露剂量，因此硼酸（硼砂）对人类是一种毒性较低和对生殖健康影响较弱的化学污染物，即对人类生殖健康效应而言，硼酸（硼砂）既不是一种灵敏的化学污染物，也不是完全没有影响，而是一种较弱的环境雌激素。

图 5.14　研究团队全体成员在丹东宽甸硼矿厂

研究结果必然要回馈于社会。魏复盛带领课题组进行的监测调查和研究发现，受污染的车间空气粉尘和饮用水是工人摄入硼的主要途径。矿区的饮用水水源为山泉水，山泉水流经硼矿开采厂、硼砂加工厂后，饮用水中的硼浓度直线上升，特别是硼翔化工厂食堂的水井距离硼废渣堆放场下坡向仅 5 米左右。从硼矿的开采到硼砂和硼酸产品的生产要经过十几道工序，从采集的样品发现各生产车间的空气颗粒物浓度指标都超过了国家标准，其中有 3 个车间颗粒物浓度是严重超标，因此空气颗粒物中硼的质量浓度就很高。对此，魏复盛代表课题组给工矿企业和地方政府提出建议，要采取控制措施，铺设管道将山泉水直接引到了食堂；改善车间工艺设计、安装排风设施降低粉尘排放量，增加作业工人的防护装备，给他们讲解科普知识，使他们学会自我保护。

魏复盛带领课题组经过 5 年的实验研究得出实事求是的结论，他们采用的流行病学调查、环境及个体硼暴露测量、精子质量指标及用细胞生物学和分子生物学的方法，为研究环境暴露评价与生殖健康影响提供了较为系统、完整和综合的方法学，对于开展硼及其他环境雌激素对生殖健康影响的研究方法有重要的借鉴意义。课题研究积累了大量翔实的第一手基础科学资料，分析探讨了硼暴露与男性生殖健康之间的相互关系，为确定硼的生殖毒性作用的最低剂量，为保护从事硼工业生产的工人和硼工业生产周围区域居民免受硼污染的伤害，为制定硼生产场所和周围生活环境硼浓度的限制标准以及保护人体健康的法规提供了基础的科学依据，也为进一步研究创造了有利的条件。

通过多年的科研实践，特别是一些重大科研课题，魏复盛深感科学研究是一门遗憾的艺术，开始课题设计时力求十全十美，但在实施过程中会发现有不少设想与实际不符，需要不断调整和修改。在课题总结时，又会发现研究还有一些缺陷和遗漏，由于时间和经费的限制，不可能再进行补充或重做，就留下了遗憾，但这些可为后来的研究工作积累更多的经验和教训。硼的生殖健康效应还需要通过对高硼暴露人群的长期跟踪研究验证和完善，在环境与健康等多学科的交叉与结合上，扬长避短、联合攻关才能做出更好的成果。魏复盛是这样提醒自己的，更是用实际行动证实在环境健康这个领域他一直都是在努力学习，不断探索。

图 5.15　研究团队的中方全体成员

在大家的共同努力下，这项研究在 2009 年获得了环境保护科学技术三等奖（省部级）。

4. 室内外燃烧烟煤空气污染与女性肺癌研究

20 世纪 70 年代，魏复盛刚接触环保时，得知环境污染给人体健康带来的损害事件，很受震动，就开始关注并阅读了大量的相关资料。从 1993 年开始的环境空气污染对呼吸健康影响的课题研究，到 2003 年 10 年间，他连续主持了 3 项有关环境污染与人体健康影响的中美合作课题，并且酝酿着第 4 项有关环境健康的研究课题。有研究资料认为影响健康与疾病的各因素中，生活方式的影响占 50%，而环境因素占 20%，遗传因素占 20%，医疗条件等因素占 10%，所以说人体健康与否、是否会出现疾病是多种因素的综合影响。在 2003 年之后的七八年间，魏复盛与美国癌症研究所（NCI）在云南宣威、富源开展的有关环境污染与肺癌病因学的系列研究，对多种因素、综合影响做了全面的实践探索。

魏复盛认为，研究问题和解决问题都需要方法，找到了方法，选对了方法，问题会迎刃而解，研究也会不断深入。他认为环境暴露可以说是定性的，而选取的研究对象都是个体，这些个体是在同一个区域里，也就是在同一个环境中，对个体暴露的监测更能反映其实际的暴露水平。这样从环境暴露剂量的监测和评价，到个体暴露剂量的检测与评价，再进一步探索以生物标志物定量评价癌症风险，从方法学上看是一个很完整的研究过程，具有较好的说服力。从每个研究课题开始立项到结题，魏复盛一直都在不断学习，不停思考，认真回顾与总结。做环境健康研究要了解公共卫生学、流行病学、数理统计及数学模型等，他就阅读大量的书籍，虚心请教，不断学习。魏复盛通过研究资料找到了何兴舟先生，何兴舟先生在环境与健康领域躬耕几十年，曾主持全国 26 个城市流行病学调查和宣威肺癌病因学研究，其研究历程见证了国家环境与健康研究领域从无到有的过程。魏复盛决定向他请教。

魏复盛回忆道："第一次见到何兴舟时，他正在上课。他妙趣横生的讲授吸引了我，我没和他打招呼，而是坐到教室的后排仔细地聆听起来。"①魏复盛想到，何先生是我国环境流行病学研究的大家，他在这个领域积累的经验可以指导课题组里的研究生，传道授业，弥补他们知识结构上的短板。魏复盛谦逊地说："课题组聘请何兴舟作为顾问，他对我们有很多的帮助和指导，一些基本概念是从何兴舟那儿学来的，比如，我们常说消除混杂因子，何老师说这个提法不对，不是消除，只是控制了混杂因子的影响，可以控制到一定程度，

① 魏复盛访谈，2019 年 3 月 9 日，中国环境监测总站。

但不可能做到消除。”①

图 5.16 2011 年，魏复盛与何兴舟教授讨论课题

张军锋博士曾说，跟魏老师和何老师两位前辈合作，不但没有使我受到“长辈级”的压力，反而得到了“长辈般”的呵护，因为魏复盛与何兴舟都是尊重科学、实事求是、谦虚礼让、宽以待人的学者。从 2003 年开始，他们共同指导学生，在云南省宣威市和富源县两地进行了室内外的空气污染物多环芳烃及其他因素的采样监测与调查，以及多环芳烃与肺癌之间的定量关系、诱发肺癌的发病机理和致癌作用的其他重要因素等系列研究。到 2006 年，他们与美国癌症研究所的合作正式立项，在宣威市和富源县开展了对非吸烟妇女进行以多环芳烃暴露和遗传易感性对肺癌交互影响为主要内容的病例对照研究。

肺癌的成因复杂，初步研究证明宣威市和富源县两地肺癌的高发病率与室内燃烧烟煤有关。宣威市是云南省主要产煤基地，小煤窑遍地皆是。当地人口 90%以上是农民，居住的房屋多是一楼一底土木结构，底层前三分之二为“堂屋”，内设“火塘”，也就是在屋内的地上挖个坑，烟煤或木柴堆在坑里直接燃烧供取暖和做饭，摆放在堂屋的火塘，上无烟囱，无法排出煤

① 魏复盛访谈，2019 年 3 月 9 日，中国环境监测总站。

图 5.17 宣威农户家中的“火塘”

烟等废气，下无进气口，氧气供给受限，煤燃烧不完全更进一步加重中间产物等废气的释放，屋内被大量烟尘所笼罩，空气不流通，长此以往，烟尘弥漫造成了室内极为严重的空气污染，当地约有三分之一的人口从胎儿时到成年都暴露在这样高水平的多环芳烃环境中。宣威县农民家中所用的燃料大多以烟煤为主，烟煤燃烧排放物的颗粒小、有机物含量高、含有大量以苯并[*a*]芘为代表的致癌性多环芳烃类化合物。

肺癌可能的致癌因子包括吸烟、职业暴露、环境污染，以及肺部既往疾病等其他因素。在宣威市，男性、女性癌症发病率分别是全国平均水平的 4 倍和 8 倍。当地的女性绝大部分是不吸烟的，但肺癌的发病率却与男性相近。据调查统计，宣威市妇女每天在室内活动（包括睡眠）的时间约为 17 个小时，做饭、煮猪食、养老抚幼、纺织缝纫等，从事各种家务劳动。暴露于室内烟煤污染的时间远远大于男性，因此不吸烟的女性，每天吸入的多环芳烃比每天吸 20 支香烟的主动吸烟者吸入量要高 10 倍以上，室内空气中多环芳烃的浓度也达到焦炉炉顶工人暴露的水平。对该人群进行的相关研究已证实，烟煤燃烧排放物中多环芳烃类化合物是当地肺癌高发的主要原因。

魏复盛带领的研究团队经过前期调查、文献资料的整理、方案论证与准备，在2006年开始了与美国癌症研究所合作，在曲靖市开展环境与健康研究课题——“以医院为基础的女性肺癌病例对照研究——多环芳烃暴露与遗传易感性对肺癌的交互影响”。与之前的研究相比，可以用3个关键点反映这项研究课题的特点：第一，明确了对象是暴露的人群为非吸烟的妇女，并且是以医院为基础的，也就是确诊的住院病人和门诊病人；第二，明确了污染物是多环芳烃的暴露；第三，明确了暴露和遗传易感性，也就是测定易感基因。

图5.18　2006年，中美合作曲靖肺癌项目预研究阶段总结会（左二魏复盛，左三何兴舟）

2006年上半年，魏复盛与研究团队一同进行了为期3个月的预实验，建立了组织结构，工作分工责任落实，对参与问卷调查、生物样品的采集、保存等工作人员进行了培训，确立了研究方法及质量保证和质量控制体系，为年底正式开展全面研究做了充分的准备。

魏复盛是研究团队中方的总负责人，他是组织者、领导者又是研究者，身兼重任又身兼数职。他既要掌控协调与美方的合作，为利于课题研究争取更多的资助；又要统筹管理与地方机构的合作。对参与调查采样的曲靖市疾病预防控制中心的项目组成员，魏复盛对他们在项目前期的辛勤工作和积极配合给予了肯定，又鼓励和要求他们再接再厉，保质保量地推进下一步的工作，因为参与这项研究有利于我们的专业人员学习到美方先进的研究方法，探究当地肺癌高发的机理以及采取有针对性的防治措施，提高当地的医疗水平，并且对于提高当地百姓的健康和人民生活水平也有积极的促进作用。

魏复盛说，课题涉及面广，参与人员多，除了我们做环境监测的专业人员，还有卫生系统疾控中心的科研管理人员，这样跨学科的合作研究，是与大家的共同努力分不开的。在课题立项前的2003—2005年调研期间，在美国国家癌症研究所和中国环境监测总站的支持下，魏复盛组织协调曲靖市卫生局和曲靖市疾病预防控制中心，对富源县肺癌的发病情况进行了流行病学调查。2002—2004年富源县肺癌粗发病率为54.52/10万，是全国平均水平的3.3倍。富源县肺癌发病的流行与宣威市相似，呈现男女肺癌发病率差距小，发病年龄提前，患癌的风险概率高、地区差异大等特征。调研结果还显示，肺癌发病率与煤矿资源种类分布有关。出产烟煤、以烟煤为生活燃料的毗邻宣威的北部地区，肺癌发病率大大高于主要以无烟煤、木材为燃料的南部乡镇，北部乡镇肺癌发病率是南部乡镇的12.28倍。

图5.19　2006年，魏复盛（右）走访宣威的农户

课题正式开始后的4年间，研究团队在宣威和富源两地主要做了大量的现场采样及调查工作。从曲靖市的6家大医院共征集了1 200名组织学或病理学确诊的肺癌病例和1 200名对照非患肺癌的其他病人。为了获得更稳健的基因与环境的相互作用关系，在病例—对照研究中，对烟煤使用者采用“随机化招募”的方法进行征集，以保证能够对烟煤的总体效应进行无偏估计。

图 5.20　2006 年，魏复盛（右一）与江桂斌院士（右二）在云南曲靖现场调研

进行流行病学问卷调查。对所有的受试者直接进行问卷访谈，问卷内容涉及人口统计学信息、住宅状况及燃料使用史、生活习惯、吸烟及职业暴露史、健康状况等信息，共计50余个问题。

进行8万人规模的体检。在地方政府的支持下，在宣威市和富源县的23个重点乡镇通过分层随机抽样进行了8万人规模的体检，初步摸清肺癌的分布状况，从而为政府采取环境治理和健康保护措施提供依据。通过体检发现的女性可疑肺癌病人将被征集到病例对照研究当中。

采集生物样品。每位病例和对照研究的受试者都要收集口腔细胞样品、痰液样品和血液样品，对于病例组，在进行手术或其他细胞学诊断治疗前应多采4天的痰样和尿液样品。

进行暴露评价研究。开展了一项小规模的暴露评价研究（横断面研究），补充搜集一些数据，以完善以前在该地区的暴露评价研究工作。

除了采集生物样本外，课题组还对该地区的饮用水、饮食、农田土壤、室内外空气以及煤炭进行了大面积的采样，并且对室内外的空气多环芳烃、$PM_{2.5}$、二氧化硫、氮氧化物等污染状况进行了跟踪监测。在土壤中均检测到高含量的多环芳烃。经过对其来源的分析，表明多环芳烃具有非常明显的燃烧烟煤排放特征。通过连续两年对大气样品的分析发现，当地空气中存在严重的多环芳烃污染，且室内污染显著高于室外。然而随着当地工业的发展室外污染同样不可忽视。主成分分析结合比值法证明当地室内室外多环芳烃的主要污染源来自烟煤的燃烧。

在研究中，通过环境暴露数据计算出人群日暴露微量元素量，得出饮食是机体与环境进行元素交换的主要途径（占96.6%）。肺癌高发区人群，有害元素镉和铊暴露量较高，防癌元素硒暴露较低，生命元素铁、铜、锌和锶日摄入总量均低于我国“推荐的每日膳食中营养素供给量”（RDA）值。

魏复盛指导的博士生张霖琳和吕俊岗，对采集收集的血浆和肺组织样品，通过环境中微量元素的暴露剂量和人体内分布特征的分析研究，筛选肺癌发生的危险元素和保护元素，为降低环境中有害元素暴露、合理膳食适量补充有益元素、提高人群健康状况，也为肺癌的早期预防及诊断提供了理论依据和科学数据。因此，研究微量元素的含量、分布及其变化规律，对于了解肺癌的发生发展具有一定的积极作用。

调查发现，在收集到的 1 200 名确诊的女性肺癌患者中，有 20%患者其直系亲属患有癌症，可见遗传基因影响之大。为了鉴定有助于肺癌易感性的常见遗传变体，魏复盛带领的课题研究团队同期参与了蓝青和 Rothman 博士实施的在国际上对从未吸烟的亚洲妇女进行的肺癌多因素全基因组关联研究（GWAS）。这项研究包括中国、韩国、日本、新加坡的 14 个项目，共收集到 5 510 例非吸烟女性肺癌病例和 4 544 例对照，将最有可能的变体进行基因分型分析，最终确定了三个新的易感基因位点。

图 5.21 2008 年，与曲靖市卫生局和疾控中心领导召开课题工作研讨会（左起：许军、殷国清、魏复盛、吴有芳）

最终课题还完成了宣威市、富源县 200 多个点位环境暴露评价和 800 个村庄 800 例全人群对照现场调查；完成了 1 200 例肺癌病例首诊后 1 月、2 月、12 月电话随访和 3～5 年期病例入村入户随访；完成了 800 个村庄自然环境、人口经济调查和 40 多个点位煤炭地质调查和采样工作。

这项基于原有研究基础上的更细致、针对性更明确的调查研究，为深入研究肺癌风险与当地使用烟煤之间的关联性以降低当地人群患肺癌的风险，以及对未来肺癌的机理研究、治疗和预防提供了借鉴和参考，并且对于推动政府采取措施干预、控制和防止当地肺癌高发，对保护当地百姓的生命健康起到了促进作用。

宣威市肺癌病因学系列研究课题的重要意义给当地社会的

发展带来的影响和产生的促进作用，在市县及乡镇的环境治理及社会管理中渐渐显现。而课题的整个实施过程更使参与者获益匪浅。魏复盛认真负责、实事求是、脚踏实地的精神，感染了课题合作方曲靖市疾控中心的每一位参与者。李继华医师记忆中的点点滴滴，表达了对魏复盛院士的敬佩，也反映了大家的共同心声。

在访谈中，李继华说："魏老师对工作认真并且要求严格。让我感触深的是项目的讨论会，他对提出的问题会反复讨论直到能落实，有时中午不吃饭一直到下午两三点，还有时会到夜里一点才结束，可以说是我经历过的最复杂的讨论，但是后来在现场工作中亲身体会到讨论的重要性。

"魏老师对采样和调查的要求非常严格，甚至到了苛刻的程度。从质量上严格把控，质量体系分了几层，比如医院是调查的现场，每个县的疾控人员是第一层的质控员，我们曲靖市疾控中心是第二层，魏院士的几个博士生是第三层，课题组的专家和魏院士再把一道关，责任层层落实。

"魏老师实事求是，经验丰富又接地气。对病例进行问卷调查时，魏老师告诉我们，在现场要抓住重点，面对我们的这些调查对象，你们要体谅她们，一她们是病人，二是文化水平不高，因此照本宣科的提问，人家不一定能听懂，浪费了很多时间还问不清楚。

图 5.22　课题组成员在查阅数据（左一李继华）

我们按魏老师提出的方案，变换提问方式，原来花了三个小时没问完，还把病人问跑了，后来的现场问卷调查一般用半个小时就能完成。

“魏老师非常平易近人，他会很认真地听取我们基层医生和基层工作者的意见。他谦虚、朴素、和蔼，你可以和他争论，他也会和你一起去大排档解决晚饭。当地要给他一些特殊接待或照顾的话，他都会婉拒并真诚地说道，我就是来工作的，一起把课题做好就是最好的待遇。”①

在环境与健康这个学科交叉领域，魏复盛通过多项中美合作课题的研究实践，与美国环境保护局和多所大学的专家建立了良好的合作关系，指导并培养了博士生 6 名。在这项宣威市肺癌病因学系列研究中，魏复盛统筹协调双方的利益，不仅有利于为课题研究争取更多的资助，还有利于人才的培养，如胡伟博士和许军博士，获得了进修深造机会。现在他们一个在美国癌症研究所，一个在香港大学，都还从事着这方面的深入研究工作。

经过宣威市肺癌病因学系列研究项目多年来的工作，魏复盛深刻认识到，环境污染与肺癌的研究还存在许多问题，人们的生活方式、生活习惯，饮食暴露、长期低剂量暴露和累积也会影响着疾病的发生。肺癌是多基因遗传的疾病，环境问题又十分复杂，常常是内因和外因相互作用，因此还存在许多无法说清的问题。有许多研究只注重单因素分析，而忽略了多因素分析，对混杂因子未能很好控制，可能会对暴露与效应之间的关系做出过高或过低的估计。肺癌的发病是一个累积的过程，在几十年后才会有所表现，因此，如果暴露只提当前，而不提过去是没有说服力的。只注重高浓度暴露，而忽略了低浓度暴露也是一个普遍存在的现象。在高浓度暴露下已积累了不少资

①李继华访谈，2019 年 9 月 19 日，中国环境监测总站。

图 5.23 2004 年 7 月在云南曲靖召开课题商讨会，会后中美专家合影（左起：殷国清、Qing Lan、Rosman、吴有芳、魏复盛、何兴舟、吴国平、唐锐）

料，但在低浓度暴露下的效应其资料并不太多。因此，运用合理的预测手段，从高浓度暴露下的健康效应预测和推算低暴露下的健康效应情况，也是比较薄弱的环节。事物的发展变化外因是条件，内因是根本，外因通过内因而起作用，内因是事物发展变化的根本原因。肺癌多为长期暴露于室内空气污染，并通过几代人在遗传基因中的累积，造成遗传信息的缺失或过度表达而产生。环境随着时间不断地发生着变化，不同时期对人类的健康效应的影响也在发生变化。不考虑时间序列，只注重统计相关而忽略了因果相关，很难把握室内空气污染的暴露与肺癌之间的关系。将环境流行病、环境毒理、分子流行病和表观遗传学等多门学科结合，共同探索肺癌的发病机理，是当今的发展方向。

在20世纪90年代初期，环境污染治理是环境保护工作的重中之重，由于环境污染给人体健康带来的危害是多种因素影响，并错综复杂，因此在当时环境与健康研究是个新领域，是环境科学与人体健康医学的融合，需要有科学的监测、调查分析、数据统计模型等研究方法，才能够客观地评估及论证影响人体健康的环境污染危害。魏复盛从1993年开始，在20多年的时间里，主持了多项有关环境污染与人体健康影响的研究课题，他带领课题组，以开展对当地的空气、水、土壤环境要素进行监测、对当地人群的环境暴露方式（受试人员的呼吸、饮食、皮肤暴露）和受试人员生物样品采集及实验室分析、对受影响人群的问卷调查和访谈，以及对收集的问卷和采集的样品数据建立模型进行统计和分析，为环境污染与人体健康课题研究制定了技术路线图。

问卷调查是环境与健康研究的主要手段之一

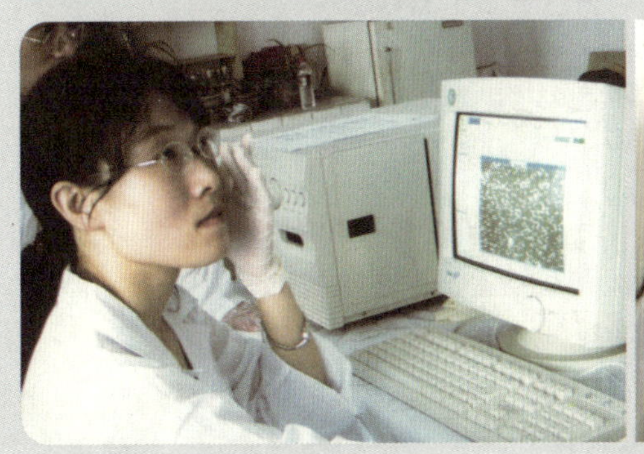

应用先进的大型仪器辅助分析

魏复盛团队在国内比较早地使用个体采样器对人员个体暴露进行精确监测

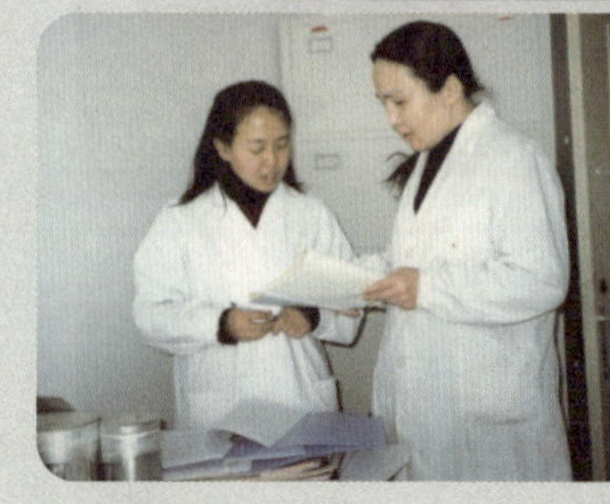

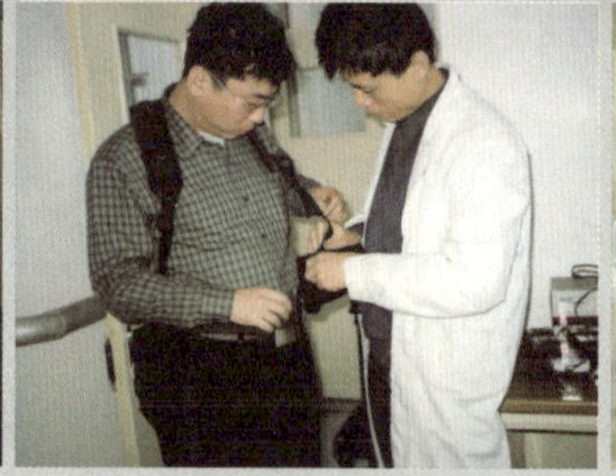

魏复盛带领课题团队，学习借鉴合作方的研究思路，不断总结，在研究过程中，开创了适合我国环境和人群特点的监测与测试方法及测试仪器；研究课题所取得的多项成果在国内和国际都处于领先水平，与此同时，培养了一大批环境健康领域的专精人才。

第六章

人大履职和参与国家环境保护战略咨询

1999 年，魏复盛卸下中国环境监测总站的行政职务，以研究员身份继续从事科研工作。在当选院士后，他更是自勉自律，他以国家需求和环境保护事业为己任，以科研工作为重心，尽其所能地为国家环境保护战略咨询提供技术支撑和研究依据。就在他全身心地沉浸在研究工作之中的时候，命运的车轮又悄悄地调整了一下方向。

时间进入 2002 年，时任国家环保总局局长的解振华找到了魏复盛。总局要推荐他参选全国第十届人大代表和人大环境资源委员会委员，解振华说："如果当选，需要你更多地去关注环保的立法、法律法规和政策的制定及执行、监督及管理；代表环保界发声，推动环保事业的发展。这可能会影响到你做科研，你可以考虑考虑。"[①]魏复盛并没有迟疑，点头接受了这项新任务。

2003 年，魏复盛当选为全国第十届人大常委会委员、环资委委员。他深深地感受到这是一份沉甸甸的责任和使命。对一个环保专家来说，履行人大委员的职责，在思想上要有所转变，视野要宽阔，看待问题要宏观，要有战略性，用自己的专业性来影响辅助环境保护法规政策的制定以及监管。魏复盛勤于思考又认真实干。为了更好地履职尽责，他默默地给 65 岁的自己订下了"多学习、多作调查研究、多听取环保主管部门及各方面意见"的"三多"要求。同时，他结合自己数十年的研究积累和实践积淀，积极地开启了履职的新征程。

① 魏复盛访谈，2021 年 6 月 25 日，中国环境监测总站。

1. 参加《固体废物污染环境防治法》修订

《固体废物污染环境防治法》于1996年颁布并开始施行。固体废物污染防治事关人民群众身体健康和经济社会发展全局，是全面推进环境保护工作和生态文明建设的重要内容。2003年，全国人民代表大会常务委员会开展了《固体废物污染环境防治法》的执法检查，并启动了该法的修订工作。这是魏复盛当选为人大常委会委员后参加的第一项重大工作。

图6.1 2005年，魏复盛参加第十届全国人民代表大会期间与四川简阳县代表合影

对放射源的监管建议

固体废物按来源大致可分为生活垃圾、一般工业固体废物和危险废物三种，其中带有放射性特征的固体废物对人体

健康和环境保护有着巨大的危害。魏复盛在大学里就学到许多有关放射性元素的知识，在工作中也多有接触，但这个很专业的概念和工作与人们的日常生活似乎相距很远。对于如何落实到管理实践中，魏复盛有些困惑也有些无从下手。怎么办？魏复盛想到自己订立的“三多”要求，就从文献检索和资料查阅开始。他发现，原来看似离人们的日常生活很远的放射性物质，因为监管不严会对我们的生命健康产生严重的危害。

在过去数年间，安徽省、山东省、山西省等地出现过许多废弃放射源丢失而致人身伤害的事故。由于放射性物质在暗处会发蓝光，被好奇的小孩捡到后揣进兜里带回家，晚上放在被窝里闪闪发光，又吸引了周围的小朋友前来观看，由此他们遭受了急性的大剂量辐射，出现了皮肤溃烂、血液指标异常等辐射病，这些小孩的身体健康受到很大伤害。文献资料上记录的由于对放射性物质监管不严，造成人体伤害事故的案例和数据触目惊心。

在阅读学习的基础上，魏复盛带着思考专门来到国家环保总局污控司及核安全司做调研，听取他们的意见，对放射性废物的污染问题应采取什么措施，才能更好地做到预防和监管。

放射源广泛应用于工业、农业、医疗、科研与教学等各个领域，国外对放射源的监管是“从摇篮到坟墓”全程监控，放射源从生产出来，到在何处应用，直到最终废弃后进入危险库，监管部门要做全程跟踪和记录，这是很先进的理念，值得我国借鉴。于是魏复盛提出建议由国家核安全局进行全程统一监管，放射源的使用与监管分开，以避免曾经多次出现的废弃放射源丢失，造成人员健康伤害事件。但是当时使用放射源的部门很多，有些部门不同意，意见不统一就只好暂时维持现状，还是分部门监管。后来这个问题反映到吴仪[①]那里，她当时正好分管这方面的工作，她了解情况后，就批示交环保部门来统一监管。这样统一监管得到落实，全国各地都建设了放射源废物库，也建立了严格的回收和管理制度，保证废弃放射源安全进入它的“坟墓”。

对固体废物的防治建议

生活中魏复盛非常简朴，他认为这不仅仅是要保持勤俭的优良传统，而且从保护环境的角度着想，在餐桌上摆阔气讲排场，不光浪费粮食，还产生了很多餐厨垃圾；华而不实的过度包装不仅浪费资源，还制造了很多废物，这些行为都给环境带来了固体废物的污染。他很反对商品的过度包装，他也十分珍惜食物，拒绝铺张浪费，他多次呼吁制定规章制度，限制过度消费。

1996 年 4 月 1 日开始施行的《固体废物污染环境防治法》共有 77 条。在全体委员的共同努力下，经过多次讨论审议，于 2004 年 12 月 29 日由第十届全国人大常务委员会第十三次会议修订通过，内容增至 91 条，增加了七个方面的内容：首次将限期治理决定权明确赋予环保部门；首次引入了生产者责任制，落实污染者责任，扩大了生产者的责任范围；明确提出国家促进循环经济发展的原则；建立了产品和包装物的强制回收制度；农村固体废物防治纳入法律规制范围；完善管理措施，严格防治危险废物污染环境；加强了固体废物进口分类管理。

① 吴仪，时任国务院副总理。

2. 为削减持久性有机污染物规范管理尽职尽责

环境污染，黑水、灰天、恶臭是人们能够直观感受到的，这些都是能看到、能闻到的，依据人类趋利避害的本能，自然而然地就会回避，就会选择远离。但是，对人体危害更大的、更多的则是存在于日常生活之中的化学品。

在这些化学品中，有一类化学品由于具有持久性、生物累积性、长距离迁移和高毒性等特性，被称为持久性有机污染物（POPs），对人体健康有很大影响。研究发现，POPs 结构非常稳定，对于光、热、微生物、生物代谢酶等各种作用都具有很强的抵抗能力，在自然条件下很难发生降解。一旦进入环境中，它们将在水体、土壤和底泥等环境介质以及生物体中长期残留。POPs 通过环境介质和食物链进入人体和动物体内，不易被分解或者排出体外，而易蓄积在脂肪组织中，当母体怀孕时，POPs 会通过胎盘直接传输给后代，或者通过哺乳喂养，一代代地传输下去。POPs 的高毒性，是指人类和动物通过饮食和环境污染等途径摄入或接触 POPs，将可能导致生殖、遗传、免疫、神经、内分泌等系统受到严重影响，并造成损害。魏复盛因其专业背景和工作经历，对持久性有机污染物的研究动态很敏感。20 世纪 90 年代中期，POPs 已经成为国际上化学品管理的重点和热点，也成为一个备受关注的全球性环境问题。

针对越来越多的污染事件和负面研究报道，联合国环境规划署邀请有关国际组织，召开了一系列的会议和谈判，谋求通过协调国际社会，制定有法律约束力的国际文书，采取国际控制行动，减少和消除 POPs 排放物，逐步淘汰其生产和使用，以保护人类健康和环境。2001 年，国际社会通过了《关于持久性有机污染物的斯德哥尔摩公约》（简称《斯德哥尔摩公约》），标志着人类社会淘汰和消除 POPs 正式进入全面实施阶段。我国是该公约首批签字国。

控制淘汰 POPs 已刻不容缓，按《斯德哥尔摩公约》的要求，先要消除首批被列入公约全球控制清单中最危险的 12 种 POPs，它们包括 20 世纪 60 年代的名著——《寂静的春天》中讲述的 DDT 等有机氯农药、被列为世界八大公害事件之一“米糠油事件”的元凶——多氯联苯类的工业化学品，以及目前已知毒性最强的污染物——二噁英类，等等。该公约还提出要清除含有 POPs 的设备和废物、对 POPs 废物进行环境无害化管理等。因此，削减和淘汰 POPs 生产使用已成为国际社会的共识和优先的环境行动。

魏复盛是国内最早关注持久性有机污染物的专家之一，多年来从事环境监测分析研究和环境污染调查及对人体健康影响研究，使他对于削减持久性有机污染物与降低人类健康风险的重要性有深入的思考和认识。他多次在高校、科研监测机构间奔走疾呼，做“POPs 污染、危害及防治对策”的专题报告，讲述 POPs 的危害以及可防性和可治性，科学地分析讲解控制污染物的浓度在环境排放标准以下的安全性，以避免引起盲目的、不必要的恐慌。

2004 年春天，魏复盛应邀参加了国家环保总局 POPs 公约履约办公室组织的 10 余位院士专家团队，赴浙江省就 POPs 污染状况进行专项调研。

从 20 世纪七八十年代发展起来的固体废物拆解业，让浙江台州市路桥区成为国内最大的电子电器废物拆解基地。当地村民拆解成堆的含有多氯联苯的废旧电器的同时，也排放出了大量的多氯联苯，随之而来的是农田被电子垃圾侵占，河水变浑、变黑，环境污染严重危害着当地居民的身体健康。这次专家团队的调研还探访了贮藏含多氯联苯设备的封存点和多氯联苯污染场地。由于封存的时间较早，当时的封存方式也不够完善，一些封存点已出现泄漏现象，对周边环境造成了严重污染。魏复盛深感浙江省的情况非常具有代表性。调研结束，回京后在履约办的组织下，魏复盛与其他专家一同提出建议："随着我国重化工业的发展以及垃圾焚烧的增加，将可能进一步加重 POPs 的污染。如果不采取有效的控制措施，排放到环境中的 POPs 进而污染土壤，将会成为'化学定时炸弹'，随时可能爆发，其影响深远。因此，建议国家应尽快批准和履行《斯德哥尔摩公约》。"建议得到了温家宝总理、曾培炎副总理批示，要求国家环保总局商有关部门研究，提出批准和履约的意见报国务院。

《斯德哥尔摩公约》当时已有 151 个国家签署，59 个国家批准了该公约。我国是首批签署国，但政府对该公约的核准程序尚未完成。公约于 2004 年 5 月 17 日正式生效，并计划于 2005 年召开首次缔约方大会，讨论通过关于资金机制和技术援助等方面的重要决议。

《斯德哥尔摩公约》是一项保护人类健康和环境免受持久性有机污染物影响的国际公约。该公约还要求发达国家应提供技术援助以及新的、额外的资金资源，以满足发展中国家履约所涉全部增量成本。尽管具体的实施细则还有待缔约方大会的进一步讨论，但无论如何，这都为我们利用国际资金和技术，加快我国的 POPs 污染控制进程提供了机遇。抓住有利时机，推动我国 POPs 污染控制成为当务之急。魏复盛对我国 POPs 污染现状和潜在危害了解得较多，也很清楚地认识到 POPs 公约的重要性和战略意义。

国家环保总局履约办公室认为要积极参加《斯德哥尔摩公约》首次缔约方大会，争取我国参加国际规则制定的话语权，参与公约相关规则的制定。随着该公约生效带来的机遇，能够为我国争取更多国际资金援助和技术支持，降低污染控制成本，促进我国控制 POPs 污染工作的推广，有利于我国未来减少经济损失和环境健康风险，因此，希望全国人大尽快批准履行公约。于是他们找到了魏复盛，期望他能帮助推进履约工作的进程。

魏复盛马上行动起来，2004 年 5 月 14 日，他向时任全国人大常委会吴邦国委员长提交了建议书。仅 3 天后，吴邦国委员长就批示由盛华仁副委员长办理。很快常委会就安排了第十届人大外事委、环资委、法工委和国务院的外交部、国家环保总局、法制办等部门召开会议讨论，一致同意建议并提请全国人大常委会审议。2004 年 6 月 25 日，第十届全国人大常委会正式批准了这项国际公约。

魏复盛亲历了人大常委会审议批准该公约的过程。在后续的履约工作中，他作为中国履行《斯德哥尔摩公约》专家委员会的顾问，尽职尽责地参与了《国家实施计划》的编制、履约重大政策和技术研究，从政策、法规、标准、技术等方面，提供了咨询和支持。他见证了国家相关履约机制的逐步建立和完善，见证了我国履约研究和管理队伍的发展和壮大，也见证了我国在《斯德哥尔摩公约》履约方面所作出的巨大努力和取得的成绩。2008 年，他荣获了“消除持久性有机污染物杰出贡献奖”，是第三位获得此项殊荣的人。这个奖项是颁发给 POPs 领域的著名学者和管理者，他们是我国 POPs 研究和管理工作的开拓者，开发了我国 POPs 领域的重要研究项目，在 POPs 分析检测、生态毒理、迁移转化、风险评价、减排和控制、政策制定、国际谈判等方面成绩卓著，代表了探索创新、不懈追求、百折不挠的精神，也代表了无私奉献、硕果累累的环保人生。

3．保护三峡水环境

三峡工程是当今世界上最大的水利枢纽工程，它在防洪、发电、航运和水资源综合利用等方面产生的巨大效益是举世公认的。三峡水库从 1994 年开始建设，2020 年 11 月 1 日完成整体竣工验收，是一座面积约 1 084 平方公里，总库容为 393 亿立方米，水面平静的峡谷型水库。

三峡工程建设与运行的同时存在泥沙淤积、移民安置、生态环境安全三大隐患，其中以生态环境安全特别是水环境安全问题最为突出。党中央、国务院对此高度关注，采取各种措施保护三峡环境与生态，2001 年 11 月制定并实施了《三峡库区及其上游水污染防治规划（2001—2010 年）》（以下简称《规划》），将水环境保护范围从三峡工程施工区扩展到三峡库区及影响区和上游区（以下简称三峡地区），并明确要求三峡地区的经济建设活动必须符合《规划》的要求，为三峡地区生态建设与水污染防治工作提供了重要依据。

三峡地区包括库区、影响区、上游区三个部分，涉及重庆、湖北、四川、贵州和云南五省市的 319 个区县市，总面积约 79 万平方公里，总人口约 1.6 亿。三峡地区位于三峡大坝上游，不仅覆盖了四川宜宾到湖北宜昌的长江干流河段，还汇集了岷江、沱江、金沙江、嘉陵江、乌江、赤水河等各大流域来水，各方来水经由三峡水库进入长江中下游。它不仅直接为本区域内 1.6 亿居民提供生活饮用水、工农业生产和生态用水，还为长江中下游沿线和“南水北调”工程中线及东线的几亿人口提供饮用水和生产生活用水，涉及范围广、影响人口多，生态功能极为重要。因此，保护三峡这盆清水，保护三峡环境与生态对于三峡工程效益的发挥，对于保障长江流域和南水北调工程相关区域均具有重大的战略意义。

图 6.2　2003 年，参加中国工程院“三峡工程科技研讨会”的专家到库区视察（右起：梁维燕、钱正英、魏复盛）

2004 年秋天，全国人大环境与资源委员会在重庆召开会议，并同时考察三峡库区的水质，及库区周围城镇的污水处理和垃圾处理情况。

三峡工程对库区的环境和生态影响是最直接和显著的，人们最大的担忧来自水库的污染。由于三峡两岸城镇居民排放的污水和生活垃圾，都未经处理直接排入了长江，水库蓄水后，水流静态化，污染物不能及时下泄而蓄积在水库中，已经造成了水质恶化并出现垃圾漂浮堆积的现象。同时大批移民开垦荒地，带来的水土流失也加剧了水体的污染。在重庆，三峡库区污染问题有七成是农业生产以及农民生活对环境造成的污染，已经大大超过了工业污染水平。对此，当地政府正在大力兴建污水处理厂和垃圾填埋场，以期解决这些污染问题。

魏复盛与委员们一同乘船考察库区干流及支流。随着三峡地区经济社会的迅猛发展以及三峡水库阶段蓄水目标的实现，水环境问题开始显露，水污染问题越来越突出。自蓄水以来，长江干流水质尚好，但个别河段已受到污染。考察团亲临现场，在大宁河上看见水质呈绿色，在香溪河上看见很多养鱼网箱。在库湾区及支流的回水区，他们看到水流十分缓慢，几乎呈静止状态，这样水流的扩散能力减弱，降低了江河的自然净化能力，库周围近岸水域或在库湾处水体藏污纳污，污染较重，绿藻富营养化明显。

图 6.3　2004 年，魏复盛（右一）与全国人大环资委委员一同考察三峡大宁河绿藻污染状况

这些情景使魏复盛联想起 2002 年到四川和重庆参加地方研究课题的论证和评议，他们的研究课题测算了当地的农业农村面源污染负荷已超过了工业与生活污染的负荷。在当地农村，小河小溪的水污染很严重，对三峡库区水质安全来说是较大的隐患。世界银行当时在中国所做的调查报告指出，中国工业废水、生活污水和农业面源污染对地表水的污染负荷各占 1/3，因此只重视工业污染防治对于保护地表水水质远

远不够。

沿途所见所闻引起了魏复盛的深思，也引起了他的警惕，他查阅并收集了大量的资料。随着三峡地区经济及城市人口快速发展，污染物排放量亦随之增加，水污染安全隐患不容忽视，因此从现在起就要以预防为主，防重于治，防止三峡水库在由河流型向湖库型转变过程中，水环境由渐变到质变而造成严重的污染后果。他深深地感到，不能重蹈“三湖”先污染后难治理的覆辙！身为全国人大常委委员，有责任向国家提出有针对性的对策建议。随即魏复盛就向全国人大环资委提出作一次预调研的建议，很快全国人大环资委就批准他率领全国人大环资委委员和工程院的几位院士到四川宜宾和绵阳及重庆市进行调研。回京后他提交了调研报告。魏复盛认为三峡库区水质保护不能简单地就库区论保护，而要将三峡水库水质保护扩展到影响区和上游区共同保护，要将工业生产、农业生产、生活污染与生态环境同防同治。要以宏观的视角，从发展的时间尺度和宽泛的空间尺度上，对三峡地区经济社会发展与水环境的可持续性进行全面、系统的分析和评估。这既是三峡地区的区域发展战略需要，也是实现保护三峡这盆清水，保护三峡环境与生态对于三峡工程效益发挥的必然要求。于是，魏复盛建议工程院设立院部重大咨询项目——三峡库区及其上游水污染防治战略咨询项目（简称咨询项目），其目的是通过深入调查和科学分析三峡地区存在的水污染安全隐患及产生的主要原因，紧紧围绕防患于未然这一根本点，提出系统防治水污染的对策建议，为各级政府和有关部门制定三峡地区城乡经济、社会和环境保护协调发展规划，以及进行重大决策提供参考意见。

2005 年咨询项目获准，由沈国舫副院长任组长，魏复盛作为第一副组长即技术组组长负责组织实施，副组长还有刘鸿亮院士、国家环保总局解振华局长、国务院三峡工程建设委员会办公室高金榜副主任。咨询项目设立了 8 个专题，分别是三峡库区及其上游主要污染物排放总量调查核实及预测、水质变化趋势、面源污染现状与控制对策研究、水污染防治技术与政策研究、经济快速增长与污染物排放总量零增长或负增长的可行性研究、水质保护管理体系及流域协调发展战略研究、流动污染源污染防治对策研究，以及小流域综合整治建设及重点区域水质预测。钱易[①]、张懿[②]、金鉴明[③]、蔡道基[④]、何继善[⑤]、陆佑楣[⑥]等院士分别负责其中的各专题。

图 6.4　2005 年，魏复盛（右）与陆佑楣（左）在三峡大坝上

咨询项目启动后，中国工程院组织数十位院士和专家多次深入重庆市和四川省的县市及三峡库区、影响区和上游区进行实地考察、调研，走访工矿企业、农村、污水处理厂、垃圾填埋场、港口码头，听取工人、农民、政府管理人员和当地专家的意见，收集了三峡地区经济社会环境方面的大量资料。召开各种不同类型的座谈会，听取政府部门对三峡水质保护的工作进展和存在问题的介绍；听取有关政府部门、技术专家和管理专家的意见。在此期间，项目课题组还分组考察了武汉东湖、太湖、滇池、洱

① 钱易，环境工程专家，1994 年当选为中国工程院院士。
② 张懿，绿色过程工程与环境工程专家，1999 年当选为中国工程院院士。
③ 金鉴明，环境生态学专家，1997 年当选为中国工程院院士。
④ 蔡道基，环境毒理学专家，2001 年当选为中国工程院院士。
⑤ 何继善，信息物理与工程管理专家，1994 年当选为中国工程院院士。
⑥ 陆佑楣，水利水电工程专家，2003 年当选为中国工程院院士。

海、千岛湖等国内淡水湖污染防治工作的进展，收集了存在的主要问题及经验教训。

图 6.5　2005 年，魏复盛与钱易（左一）、陈述彭（左二）在三峡调研

咨询项目的十几位院士和数十位专家经过认真地调查、研究、分析和论证，认为三峡库区及其上游水污染防治工作应以科学发展观为指导，以水污染防治为主线，贯彻在发展中保护，保护促进发展的“双赢”战略方针；以农村面源污染防治为重点，以促进农村生态型循环经济发展为切入点；坚持经济发展与环境保护并重，法律、经济、行政、技术手段并举，预防为主防治结合，全面规划与突出重点相结合，措施的科学性与可操作性相协调，近期与中长期发展统筹，以库区为中心上下游兼顾，工业、农业、生活、船舶污染共治的原则，切实降低环境污染来保护长江三峡这盆清水。

在此基础上，咨询项目组完成了第一阶段咨询报告，于 2006 年 2 月在“两会”召开之前，向国务院呈报了题为“关于将三峡库区及其上游作为特殊水域予以保护，切实促进经济社会环境协调发展的建议”咨询报告。目的是期望国家、地方政府部门能够将其中的建议适时地纳入正在调整和实施的《三峡库区及其上游水污染防治规划（2001—2010 年）》中，使三峡库区及其上游的水污染防治工作得到更进一步的落实。国务院曾培炎副总理等领导对此给予了高度重视，并两次批示国务院有关部委研处。国家环保总局会同三峡办对此报告进行专题研究，周生贤局长在给曾培炎副总理的报告中指出工程院这份报告“对三峡库区及其上游的水污染防治工作具有重要战略指导意义，部分建议正在落实之中，进展顺利”。

图 6.6　2006 年，魏复盛（左二）与项目课题专家组金鉴明（左三）、沈国舫（中）、钱易（右二）等考察千岛湖

2006 年，项目组继续深入三峡地区调研，并围绕实现国家“十一五”污染物总量减排目标以及应着力解决的问题进行了多次分析和讨论，发现三峡地区目前仍然面临着几个突出的环境问题，一是由于蓄水后回水区水体流速减缓，营养物不断富集，造成支流水体富营养化现象普遍，其总磷和总氮超标率均已达到 70%；二是农业面源污染仍然处在“无法管、无人管、无钱管”的“三无”状态，畜禽养殖粪便和化肥、农药流失已成为面源污染的罪魁祸首；三是污染治理项目欠账多，建设滞后，这一地区的生活污水实际处理率仅为

12.3%；四是工业布局性和结构性污染突出，废水排放实际达标率不足 60%。三峡地区的水污染问题已导致库区支流回水区多次出现富营养化，上游区和影响区主要支流水质也多为Ⅳ类、Ⅴ类，甚至劣Ⅴ类。可见，支流污染问题已成为库区来水水质安全的重大隐患，国家对此应保持高度警惕，绝不能掉以轻心。

项目组建议国家和地方政府各有关部门要将保护好三峡水库、建设生态和谐的三峡作为义不容辞的历史责任，充分认识这一任务的艰巨性、复杂性和长期性，必须把尽快实现环境保护“三个战略转变”落到实处，防治三峡地区水污染，切实做到认识到位、监管到位、政策到位、资金到位和工作到位，真正实现“十一五”环保目标，促进三峡地区经济社会环境持续发展。为此，咨询项目组于 2007 年 1 月向国务院呈报了题为《关于三峡地区实现“十一五”污染物总量减排目标的若干问题和建议》的第二阶段咨询报告。

魏复盛建议并负责实施的工程院这项重大战略咨询项目，历时 3 年，于 2008 年结束，共有院士和专家约 40 人参与，他们对三峡库区及上游水污染防治工作进行了全面客观的分析。根据三峡库区经济社会的发展，分析了三峡库区及其上游水质情况以及变化的趋势，提出了水污染防治的技术和政策；分析了三峡库区及其上游的面源污染现状；对于三峡地区以资源开发型为主体的工业经济的快速发展，定量研究论证了实施资源环境代价最小化的工业发展战略的可行性；特别对三峡库区长江干流水域的流动污染源的污染防治进行了全面系统的研究；从流域环境、经济、社会协调发展的角度，将三峡库区及其上游的水污染防治工作视为一个系统工程，建立和完善水污染防治补偿机制，实现整个长江流域的可持续发展。

咨询项目以 8 个专题研究的内容、结论、建议为基础，充分征求和吸收各方面意见，借鉴国内外大型湖泊，如琵琶湖（日本）、太湖、武汉东湖、滇池等的污染防治经验和教训，进行了总结和提炼，在咨询项目的最终结题报告中，对三峡地区水污染防治提出了 15 条有针对性的对策建议，归纳为以下几个方面。第一，要提高认识，把握机遇，将三峡地区作为特殊水域予以发展和保护，妥善处理经济发展与环境保护的关系，实现社会经济协调发展的战略转型；同时各级政府、各部门和社会各界将保护好三峡这盆清水当作关系国家社会与环境安全，关系经济可持续发展和人民群众健康的历史责任。第二，积极开拓推进库区周边农村面源污染的防治工作，将总氮、总磷纳入总量减排指标；对工业结构和布局进行调整以及技术改造升级，降低单位 GDP 的能耗、水耗、物耗，严格控制源头污染；加快城镇生活污水治理，解决好污水管网配套，切实提高污水处理率；全面禁止网箱养鱼，研究生态放养，实行科学水产养殖；依法严管，有效控制船舶流动源污染；建设库周及上游防护林，加强小流域的综合整治。第三，对三峡地区水环境实施统一的环境监管，提高监管能力与效率；并加强应急能力，完善应急响应机制。第四，建议制定三峡地区生态补偿与污染损害赔偿的政策法规；建立和完善生态补偿机制和污染损害赔偿机制，通过经济杠杆的调节作用，增加上下游合力治污的动力，并将补偿与治污效果挂钩；同时加强基础研究，提高库区生态环境保护的科技支撑能力。第五，减少人口压力，实施库区人口有序转移战略，并且通过加强环境保护和环境安全的宣传教育，建设生态文明的新三峡。

在项目研究过程中，魏复盛去了四川、重庆多地的市县，为宣传保护三峡库区的重要性和战略意义，多次开讲座作报告。魏复盛在成都举行的三峡地区水污染防治战略研讨会上做了一个发言，他以云南滇池、江苏太湖、重庆长寿湖和四川三岔湖的实际案例，讲述了水库由于大量的网箱养鱼，致使水体发黑发臭，水质受到严重的污染，最后这些库区的网箱养鱼全部被取缔。因此，根据这些经验和教训，他建议不但在三峡库区干流回水区要禁止网箱养鱼，在支流也应该禁止，要防患于未然。

图 6.7　2006 年，魏复盛在重庆参加中国工程院三峡库区及其上游水污染防治战略咨询项目研讨会（前排左四陆佑楣，左五金鉴明，左六张懿，左七魏复盛）

对于魏复盛的发言，一位水产专家提出了反对意见。水产专家认为三峡水库这么大的水面，网箱养鱼所占面积比例很小。但魏复盛坚定地说，网箱养鱼对水质的影响是高强度、高污染性的，目前网箱面积在能够做网箱养鱼的回水区和支流所占比例已经很大了，并且已经造成了局部严重的水华现象。以北京的密云水库举例来说，1980—2002 年，密云水库的总氮、化学需氧量、叶绿素各项指标均有增加的趋势，2002 年暴发了大面积的蓝藻水华。从 2002 年开始，到 2003 年 4 月全部取缔网箱。在禁止网箱养鱼后，密云水库饮用水水源一直保持在Ⅱ类的标准之上。对国内多座水库调查，都证明网箱养鱼使水质变坏，取缔网箱养鱼后，水质逐渐恢复至良好状态。魏复盛提出库区水面很大，上游带来了大量的营养物质，可以采取科学的生态放养方式，并建议国家制定政策进行引导和扶持，逐步建立起一种以促进生态平衡的模式来发展库区的渔业生产，实现库区渔业经济与水质净化的双赢。

图 6.8　2008 年，在贵阳生态环境论坛会后，魏复盛与徐匡迪考察贵阳红枫湖

三峡库区及其上游水污染防治战略咨询研究的最终报告中提出的建议已逐步得到中央和地方政府的重视和采纳，在保护三峡水库的生态环境中产生了积极的作用。国务院三峡办《关于三峡工程蓄水期水库消落区管理的通知》中规定：消落区水域内，严禁新增人工投饵网箱养鱼，逐步取缔现有投饵网箱养鱼，加大经济鱼类增殖放流力度。2009 年，国务院办公厅发出《关于加强三峡工程建设期三峡水库管理的通知》，要求对三峡水库水产资源的开发利用，要以保证水库水质、生态安全和船舶航行安全为前提。重庆市和湖北省从 2008 年开始到 2010 年 8 月，取缔三峡库区支流网箱养鱼。地方政府投入巨额资金，组织众多人力做了大量工作，撤出了库区支流和回水区的网箱，补贴库区渔民的经济损失并安排渔民上岸就业和创业，取得了全面禁止网箱养鱼的阶段成果，使局部污染严重的水域得以改善。

魏复盛说，从三峡工程建设的环境影响评价论证，到后来三峡水库水污染防治战略的咨询研究，他都参与了其中。

作为验收组成员，他参加了水库蓄水 156 米、175 米前的环境影响评价与移民工程的现场考察与验收；参与了三峡大坝试验性蓄水 175 米后环境生态、环境影响评估，在三峡工程建成后，中国工程院受国家委托作为第三方评估机构，他担任了环境影响评估工作；2008 年，工程院对三峡工程建设做阶段性后评估，对原环评中未涉及的环境问题做了重点分析，提出了对策建议。2011 年，他参加了三峡工程试验性蓄水阶段评估工作，而后在 2013 年，他受国务院委托参加三峡工程建设第三方独立评估。他还是第二届三峡建设工程质量专家组成员。十几年来，魏复盛和三峡工程建设结下了不解之缘。他深感能为这项跨世纪的伟大工程建设出一点儿力是他的荣幸，能为三峡工程建设以及存在的生态环境问题做好调研，提出建设性的意见是他应承担的责任。

魏复盛认为，三峡水库这一特大建设工程存在对生态环境的影响问题，是客观事实，任何一项重大工程都会存在建设和利用与生态环境影响的问题。因为原有的生态平衡被打破，需要在生态重建中建立起新的动态平衡，这是一个历史演替的过程。我们的政府、专门的管理机构，我们的工程科技人员都在不断地努力去研究、发现问题，采取有针对性的措施加以解决。生态环境问题难道在建三峡水库前就没有吗？不建水库发生洪涝灾害，一些江段的堤坝就可能被洪水冲毁，威胁千百万人的生命财产安全。而枯水期船只搁浅而断航，河口三角洲发生海水倒灌，这同样都是很严重的问题！三峡水库成功运营，有的生态环境问题得到解决，有些问题还会逐步显现。若干年后还会出现新的生态环境问题，需要我们不断去认识、去研究、去解决。总之要趋利避害，切忌形而上学，才是辩证地认识环境与发展。

4. 关注环境污染对公众健康的影响

2005年11月，首次“环境污染与健康”国际研讨会在北京召开，这是在中国工程院环境委员会主导下，为环保与卫生系统的科研人员在环境与健康领域所开展的科学研究工作提供了一个相互交流和学习的平台。会议在国内引起强烈反响。魏复盛是努力搭建这个跨学科领域交流平台的推动者，也是这次国际研讨会的倡导者和组织者。他在自己多年主持环境污染与人体健康影响课题的研究过程中，深有感触地谈道：“环境的污染问题归环保局管理，对环境污染的监测既有全国的数据，也有各个地方的数据；而人体的健康效应由卫生部门或是医院掌握，比如说，诊断出你得了什么病，或者某个地方的人群中出现某种疾病的概率比较高。那么，环境这面是暴露，卫生这面是效应，如果把两面合在一起就能说明问题，就能说明环境污染对人体健康效应产生什么样的影响，这样可以汇集大量的数据，可以从宏观上分析问题，对环境污染物可能产生的健康危害和风险进行评估、分析和预测。因此，促进环境与卫生两部门的联合，可以从双方科技人员的合作研究迈开第一步。”[①]因此，为推动召开这次国际研讨会，魏复盛做了很多的前期准备工作，从最初的提议到获得工程院的批准，并得到了财政部的资助，到成立组织委员会和学术委员会，对召开研讨会的目的、内容、规模及日程，对研讨会的征稿、审稿、论文集出版等都做了精心的安排。首次举行的“环境污染与健康”国际研讨会，对交流

① 魏复盛访谈，2021年6月25日，中国环境监测总站。

国内外的研究经验和成果，进一步促进各级政府及管理部门的重视和推动国内学术界相关研究工作的深入开展，具有战略性的重要意义。会议提出建立环保和卫生两部委副部长级的联席会议制；由两部门轮流主持每年召开一次论坛，为科技界讨论新的研究方向、方法，发布研究报告，交流研究成果，交换研究资料和数据提供平台，促进我国环境与健康领域的发展。

图 6.9　2005 年，魏复盛在环境与健康国际研讨会上发言

魏复盛召集了学术委员会的专家陈秉衡、何兴舟、董善亨、白雪涛、周开宜、胡伟、潘小川、张金良，与他们一同对征集的百余篇论文进行审定，为便于交流和查阅检索而对论文做了分类，以主题报告、暴露水平与测量、流行病学研究、风险评价、毒性实验与机理研究、评述及其他 6 个部分编排。出版的这本《环境污染对健康的影响》论文集，收集了 2005 年以前我国在环境污染与健康领域的部分研究成果，也有国际上的研究动态，为从事环境污染防治和卫生防疫系统的科研及管理人员、大专院校相关专业的师生了解这方面

的研究现状和进展打开了一扇窗，也为从事环境与健康研究的相关学者和专家提供了参考和借鉴。

从20世纪90年代初期，魏复盛开始做具体的课题研究，到在工程院担任环境委员会主任主持宏观战略咨询课题研究，十多年的时间里，他对环境污染与人体健康影响的认识不断加深。在魏复盛牵头提出的院士专家建言《应大力加强我国环境污染与健康研究》一文中，客观地分析了当时环境污染与健康研究的形势和问题：我国环境与健康方面的研究工作由于力量分散、资金投入较少，存在着研究范围窄、规模小、代表性和质量欠佳、基础数据缺乏，以及由于部门间尚待建立协作关系，已有的数据资源不能共享等问题，使环境污染所致健康危害现状不清的问题长期未能得到解决，在科研方法、技术支撑体系上与国外的水平差距较大。因此，专家们建议从制度上明确科技、环保和卫生部门在环境污染与健康领域的分工与协作，整合环境、卫生数据资源，建立数据资源共享合作机制；关注饮水安全、食品安全、居住安全以及呼吸空气的安全，在政府层面制定“国家环境与健康行动计划”；在科研层面，环境保护部门、卫生部门和研究院校三支重要科技力量要强强联合、优势互补，争取国家设立相关课题的支持；进一步地，以宏观的、指导性的思路强调从研究方法、技术以及评价体系等十个方面探讨了我国“环境污染与健康”研究的重点方向和重点课题，以使环境与健康的基础性科学研究与社会经济发展、国家政策制定、立法以及环境和职业健康标准的制定与修订联系起来，既能为国家制定相关政策、法规、标准提供科学依据，也要为公众提供环境与健康知识信息和服务，提供有效的预防及控制措施。

魏复盛在亲身经历的几项国际合作环境与健康课题的研究过程中，深深感受到在国民经济高速发展的同时，环境污染问题越来越突出。城市里有 2/3 的人口生活在空气质量不达标的环境中，广大农村地区室外空气质量虽好，但室内空气质量欠佳，在农村，呼吸系统疾病高发即是证明。许多城市的饮用水水源地受到不同程度的污染，广大农村地区有近 3 亿农民的饮用水不安全，对人体健康构成危害。同时，近年一些突发性环境污染事件对人群健康的威胁日益突出。有些工厂、车间的污染物质浓度超过国家标准，工人的劳动保护措施尚不完善，长期在高风险的岗位上作业，防止职业性中毒就显得很迫切。很多乡镇企业工作场所有毒有害物质严重超标。有些有毒有害化学污染物质不仅有致畸、致癌、致突变的作用，还有免疫毒性、生殖毒性和发育毒性，不仅会影响当代人的健康，也会严重影响子孙后代的健康。

采访时魏复盛说："我们保护环境，归根结底是为了保护人民的身体健康。有时候我走在大街上，看到在浓浓的汽车尾气中穿梭的行人；到化工厂、染料厂，看到没有任何防护措施保护的工人在进行生产操作时，我很替他们担心。我觉得他们应该有知情权，至少他们要了解身边这些有毒污染物的危害。现在农民进城干的活多是最脏、最累、风险大的，他们受到污染危害和职业危害的概率很大。比如，在箱包厂、鞋厂，这些生产材料中都用含苯的有机化学胶黏剂，工人们在封闭的车间里进行生产操作，长期暴露在含苯的环境里，他们有可能得血癌。再如，某些工厂的一些工种本身是有毒有害的，工厂的正式工人不干，就找农民工来干。农民工干了一两年就被辞退，他们回家生病了也不知道是什么原因。进城干活挣了几千元钱，本来很高兴，结果治病反而用掉了十几万。"①对于那些因病致贫、因病返贫的农民，魏复盛甚为痛心。

① 魏复盛访谈，2021 年 6 月 25 日，中国环境监测总站。

环境污染对人体健康影响以及产生的危害，这个沉重的课题一直萦绕在魏复盛的脑海中。他深入课题研究的一线，探究方法学的应用，以解析不同成分和来源的污染物对人体健康影响的效应，为控制污染提供有针对性和指导性的建议和措施；同时，他也在不断地思考着，如何能更有效地推动在国家和政府层面制定相关的政策和措施，加大资金投入，开展环境污染对人体健康系统的深入研究。2006 年，中国环境科学学会成立了专门的环境与健康专业委员会，他将工程院环境委员会的工作与之结合，从基础理论、应用与实践、微观与宏观的工作实践中借鉴经验，全面、系统性地认识问题，发动并集聚环境监测与科研、医疗卫生防疫系统、高校科研院所的各方力量和人才优势，为环境与健康领域的政策制定、规划发展提供科学、客观、战略性的咨询建议。

魏复盛的想法是，作为科研工作者，所从事的科学研究要能够服务于管理工作，要能够提供解决实际问题的对策；而要助力推动地方政府行使管理职能，加大行政投入，采取行之有效的环境治理措施，全国人大常委会委员履职的影响力可能会更大。魏复盛在环境与健康领域的投入，不仅仅是在学科专业上的探究，更在于他发自肺腑的关爱之心和面对现实的勇气。

2006 年 3 月，全国人大常委会委员魏复盛院士率领全国人大环境与资源保护委员会专家组来到曲靖市，考察宣威、富源环境治理和肺癌防治情况。当地的省人大、省人大环资委全力支持，安排他们考察了曲靖地区的宣威市和富源县。对上面来的专家考察组，地方的市县级领导全程跟随陪同。魏复盛曾在此有研究课题，所以熟知当地的情况。除了安排的行程外，他进到村里后会挨家挨户探望。每次来到低矮破旧的土坯房前时，魏复盛没有任何迟疑，低头弯腰一步跨入，他会在昏暗潮湿的屋内停留，仔细地观察。在一户只有两位老人的家中，一位已是肺癌晚期，躺在床上。魏复盛弯下腰跟他说："老乡，你去看过医生没有？"老人说："照一次片子的钱就够我家一年的盐巴钱了，更不用说吃药了，也就是上山找些草药吃一吃吧。"[①]在虎头村，他们看到几户房门虚掩、残墙断壁、破败的房屋几近坍塌，村长说这几家人都因肺癌死绝了。村子里的环境脏乱，小河沟里漂着垃圾，从破旧的土坯房里弥散出的烟雾飘浮在村子上空，压抑而又凄凉。

图 6.10　2006 年云南宣威，魏复盛在农民家中

在当地，人们对于贫穷农村肺癌高发现象似乎见怪不怪，因为从上到下都存在着患癌是因为特殊的地理小环境和家族性的血缘遗传这种似是而非的认知。再加上这种病医学上都治不了，按当地流行的一句话，"辛辛苦苦几十年，一病回到解放前。"只要知道自己得了肺癌干脆就放弃治疗，因为治病的结果是钱治没了，人治死了，最终人财两空。因此，麻木、冷漠、无可奈何，看不起病，吃不起药，农民因癌致贫、因癌返贫现象十分普遍。

专家考察组还到了当时的国家级贫困县富源县的阿彝村。

① 魏复盛访谈，2021 年 6 月 25 日，中国环境监测总站。

这是个有一百多户人家的彝族村子。村里患肺癌的人死亡率比较高，而且死去的大部分人是三十岁到五十岁左右的青壮年。他们走进一户，只看到一个三十多岁的小伙子躺在床上，魏复盛就在床边坐下与他交谈。小伙子说："一家人中，父亲、叔叔、兄妹好几个人都得了肺癌，已有 5 个人去世了，我现在也只能躺着等死了。"[①]这是一个偏远贫困的山村，村民长年累月在山上挖煤干活，在家中取暖做饭全靠烧煤，全天候地暴露在烟煤的环境中。据 2004 年以前做过的调查分析，富源肺癌发病率与煤炭资源种类分布有关，出产烟煤、以烟煤为生活燃料的北部乡镇，肺癌发病率大大高于主要以无烟煤、木材为燃料的南部乡镇，北部乡镇肺癌发病率是南部乡镇的 12.36 倍。

魏复盛带领考察组不畏辛劳，走访的十几家农户，家家都有患肺癌的病人。每家进去一看，病人躺在床上，旁边放着棺材，等着他一死就放进棺材。此情此景非常凄惨，触目惊心，陪同考察的当地官员深受震动，感慨万分。他们亲见农户因癌而家破人亡的真实情景，他们目睹了农村现实环境中的脏乱差。饮用水不洁净，土坯房低矮破旧，屋内潮湿阴暗，烟雾缭绕不通风，取暖做饭的烟煤散发出刺鼻的气味。

深入调查走访之后，魏复盛带领考察团与曲靖地区的人大、市委、市政府领导一起开了座谈会交换意见。当时参与其中的还有市卫生防疫系统的代表，起初他们想，一个院士大专家来到这样偏远而落后的地区，主持一个高大上的研究项目，如何才能落地惠及贫困百姓，改善他们的生活和健康呢？在跟随魏复盛一路考察的过程中，他们感受到了他的良苦用心和对贫困百姓的真诚爱心；在参与魏复盛课题研究的过程中，他们体会到了他严谨的工作作风、一丝不苟的工作态度，为人谦和而且平易近人。他们敬佩魏复盛，也非常支持他的工作。

① 魏复盛访谈，2021 年 6 月 25 日，中国环境监测总站。

考察组的走访调查与课题研究相辅相成，增强了地方政府和社会各界对环境保护重要性的认识，加深了地方政府对环境污染与人体健康影响的认识，对于地方政府加强环境保护工作，加强保护当地人群健康工作起到了推动和促进作用。

作为全国人大常委会委员、环资委委员，魏复盛就考察情况与云南省人大、省环资委、省卫生厅和省环保厅等部门进行了座谈并交换意见。

当时安排并陪同魏复盛带领的专家组下基层考察的工作人员①对于那段经历记忆很深刻，因为宣威肺癌在国际上也是比较有名的案例，它的特殊性和不确定性对于地方政府是个比较敏感的问题。魏复盛的身份既是院士又是全国人大常委会委员、环资委委员，但是他非常朴实，下乡考察时走山路坐马车，到了村里，实实在在地一家一户进去察看。那些有病人的老乡家，屋里又黑又脏，散发着难闻的味道，他没有一丝的嫌弃，坐下来与病人交谈。他常常阻止旁人的打扰和催促，而是耐心地倾听老乡的讲述。当地工作人员说："这个专家与我们曾经见过、接待过的别的专家真的很不一样。"

在座谈会上，魏复盛也实事求是地讲述了调研中的所见所闻。他最基本的观点就是，政府要高度重视这个问题，对肺癌要采取早发现、早干预、早治疗的方式。卫生部门可以组织扶贫项目，到农村做排查，给农民做 X 光影像筛查，进行胸部透视。要想办法改善农民的生活环境，农户的生活取暖燃料考虑使用替代能源，不要烧煤；如果继续烧煤就要排烟，一定要把烟全部排出去。他用很通俗的语言讲道理、提建议，希望当地政府结合扶贫工作，把保护农民的生存环境和身体健康落到实处。

在与各级领导和相关部门交换意见时，魏复盛谈到，根据

① 2019 年 9 月 20 日，昆明，省人大办公室访谈。

环境监测数据，当地的工业生产，比如火电厂就是重污染源。发电厂烧煤，排放的大量烟雾中含有毒有害物质较多，对人的呼吸健康有很大危害，对焦化厂、火电厂等防治污染措施一定要严格。当时有人就提出不同的意见，工业企业、发电厂是当地财政收入的大户，支撑着地方经济的发展；另外，这个肺癌高发是多因一果，结论要慎重，如果一旦说跟这些发电厂有关的话，可能会对工业带来负面影响。曲靖地区是省内的重工业基地，如果做大面积的筛查，结果也会对云南省有负面影响。既然是交换意见就会有不同的声音，然而魏复盛考虑更多的，是如何更有效地降低环境污染对人群健康损害的风险，帮助困难的农民通过改炉灶、改厕所，供给清洁的饮用水，采取整治环境污染的手段减少影响肺癌高发的危险因素，并且能够得到政府和社会的更多关注和救助。魏复盛以科学家的良知，尽人大代表的责任和使命，提出了一些建设性的、切合实际的解决问题的对策和措施。魏复盛考察的宣威市和富源县都是国家级贫困地区，他了解到富源县尚未纳入农村合作医疗体系，农民患了肺癌吃不起药、看不起病，只能等死。魏复盛就极力向政府建议，尽快把农民看病就医纳入农村合作医疗体系中。

图 6.11　宣威农户家中，改造前取暖做饭的火塘(左)，后改为炉子(右)

图 6.12　农户家中改造后安上烟筒的炉灶(左)，进一步升级改造后用电做饭的厨房(右)

因为研究课题一直在进行中，魏复盛又多次来到此地调查回访。令人欣慰的是，一年多后，他看到了当地农村环境有了很多变化。国家和地方政府加大了资金投入和补贴，帮助农民改造生活炉灶，尽量选用污染较轻的生活用煤，改变燃料结构，修建沼气池，从水库引水解决了安全饮用水源，平整道路，增加绿化，村中环境逐渐整洁。农村合作医疗得到落实，大病诊治有了多方补助，农民得到了真正的实惠。当地的各级政府和农业、煤炭、环保、卫生各个与百姓健康有关的管理部门都有所行动，建立和完善了肺癌防治管理工作的组织结构、预防和治疗的网络体系，制定肺癌综合防治规划，增加财政补助经费，加强肺癌防治工作，加大防治宣传力度。各级政府和行政管理部门的高度重视，使民众看到了希望。

图 6.13　2008 年，魏复盛（前排左六）参加自然科学基金委主办的环境与健康论坛

5．关注有害化学品监测监管

2010 年 10 月 22 日，国务院简报第 349 期转载了《中国环境报》刊发的一篇文章《我国亟须构建化学物质监测监管体系》，10 月 23 日时任国务委员刘延东批示“请甬祥、万刚、周济阅研，构建化学物质监测监管体系十分必要，请组织专家研究并提出建议”。中国工程院批示由环境与轻纺工程学部负责组织，于 12 月 8 日召开了有环境与轻纺工程学部和化学部的院士专家参加的座谈会，讨论了设置咨询项目的重要性和必要性。

《中国环境报》记者台桂花采写的这篇报道为什么引起国家领导高层的特别关注，而且工程院还将其作为院部的重点咨询项目呢？

这篇报道根据对 4 位专家学者的采访，提出了“三个能否说得清楚”：每年排入环境的化学物质种类有多少？化学物质对人体健康和生态环境影响的危害有多大？如何规范管理有害化学物质降低环境风险？化学品污染问题一旦发生，其危害往往十分严重，且解决起来旷日持久。面对当前我国在化学品物质污染问题上存在的种类多少说不清、危害多大说不清、如何监管说不清等问题，各级有关部门必须充分重视，尽快摸清家底，说清底数，加强监管，为人民健康和环境安全树起一道坚实的屏障。文章简洁而有力度，直指问题要害。

由此，2011 年中国工程院设立了“我国有害化学物质监测监管现状、问题及对策研究”战略咨询项目，魏复盛接受工程院的委托，担任了咨询项目组组长。

魏复盛长期持续关注有毒有害化学物质的监测与防治问题。1993 年，他在《环境监测管理与技术》杂志上发表了一篇文章《美国新的清洁空气法和空气有毒物质的控制》，介绍国外环境保护的动向及我国所做的部分工作。1996 年，他在组织编写《水和废水监测分析方法指南（下册）》一书时，提出要大力加强有害有机污染物监测技术的研究，并在书中增加了相关篇幅的论述。1999 年，他在《中国环境监测》杂志上发表了《关于有毒有害化学物质污染及其监测》一文，简述有毒有害物质的环境污染，介绍重点有毒有害污染物的控制，阐述我国有毒有害物质的污染现状和控制有毒有害污染物工作的进展，并提出了今后的任务。1999 年，魏复盛提出“重点城市和重点区域有毒有害有机物探查”课题，以此对有害化学品污染进行过初步的调查监测。2001 年，他在《光明日报》上发文呼吁“要重视化学污染”。他在接受《中国环境报》采访时，特别强调有毒有害化学品污染土壤和水源，通过食物链传递，危害人和动物的生存繁衍及生命安全。它的威胁可能更为隐蔽，如果长期积累也可能形成“化学定时炸弹”。2001 年，他在《中国工程科学》杂志上著文《有毒有害化学品环境污染及安全防治建议》，介绍国际上有毒有害化学品污染及防治动态、我国在这方面做过的工作、与国外工作的差距，并提出了建议。

2001 年 2 月 9 日，温家宝副总理到访中国环境科学研究院与专家座谈。魏复盛在专家座谈会上做了题为“有毒有害化学品环境污染及环境安全防治对策研究”的汇报。

在这十多年间，魏复盛一直持续地关注着有毒有害化学物质的污染问题。他承担起咨询项目组长的重任，思考着作为院部的重点咨询项目，要有高度，有远见，但也要脚踏实地。当前全球注册的化学品超过了 700 万种，在我国市场上大量使用的化学品约有 10 万种，国内能生产的约 4.5 万种。医药、农药、兽药、化肥、塑料、人造纤维、家居材料、日用化工、食品添加剂等经济和日常生活的方方面面，都与化学品的生产和使用相关联。同时，化学工业是我国重要的基础工业和支柱产业，对推动经济社会发展、方便人民生活有重要的贡献。我国石油和化学工业在“十五”和“十一五”期间发展迅速，年均增长率达到 21.1%，是同期国民经济 GDP 增速的两倍以上。2012 年达到 10.55 万亿元，已超美国居世界第一。预计未来 10～15 年，我国化学工业生产将达到峰值。然而化学品又是一把“双刃剑”，在其生产、使用、废弃的全生命周期中存在生产安全、环境安全和健康安全问题。化学工业生产快速增长的同时，也使我国有害化学物质的安全、污染事故呈多发和高发态势。因此咨询项目的研究意义重大。需要科学管理化学物质，以降低环境风险及对人体健康危害的风险。

由魏复盛牵头，中国工程院环境学部和化工学部的蔡道基、庞国芳①、曹湘洪②院士全程参与领导和组织研究工作，

① 庞国芳，食品科学专家，2007 年当选为中国工程院院士。
② 曹湘洪，石油化工专家，1999 年当选为中国工程院院士。

依靠环保部化学品登记中心、中国环境监测总站、北京化工研究院、南京环境科学研究所、中国检验检疫科学研究院、石油和化学工业规划院、环保部环境污染应急管理中心、重庆市环境科学研究院、江苏省环境监测中心等参与单位的 50 余位技术专家和科技人员的支持和配合，经过多方研讨，明确了主导思想是围绕构建我国有害化学物质监测监管体系这个总目标，从宏观战略上调查清楚我国有害化学物质监测监管的现状和问题。比较我国与发达国家在化学物质监测监管的理念、法律、法规、标准以及监测监管体制、机制的现状和异同，比较分析石化、化工产业结构、布局的特点，以及危险化学品企业的社会主体责任是否落实到位，如何保证公众对涉危化学品企业的知情权、监督权等，以便能从宏观性、战略性高度提出有针对性的对策和建议。为了能够更全面系统地进行研究，突出重点，定位准确，咨询项目分设了五个课题开展调查研究：第一是国内外化学品管理法规和监管体制的调查与比较研究；第二是国内有害化学物质污染事件典型案例的经验教训研究；第三是有害化学品优先监管名录筛选与建议研究；第四是化学品及相关产品进出口现状、面临国际贸易壁垒压力与对策研究；第五是我国化学工业产业布局、结构及化工园区建设现状、问题调查研究。

在三年多的时间里，各个课题组开展了深入的调查研究，收集了大量的国内外第一手资料和数据，从化学物质的生产、进出口、储存、运输、使用、排放、转移到废弃处置的全流程信息，对制定和实施监管的法律、法规、标准，以及化学品产业的发展趋势进行了调研和考察，分析了有害化学物质——化学品及进入环境的污染物引发的生产安全、生态环境安全和人类健康安全事件的态势及其应对的经验教训。在深入调查研究的基础上，魏复盛召集各课题组的主要负责人进行了深入的讨论和反复的交流，并且召开过多次研讨会，汇总各课题调查研究报告。大家集思广益，汲取重要性、关键性、代表性的信息数据，经不断归纳与修改，形成咨询项目的总报告，向国务院有关部委的化学品管理专家及技术专家作了汇报；听取意见和建议后，项目组对总报告又进行了修改和提炼。最终形成的报告浓缩版，以及研究过程中的收获和研究工作所取得的成绩得到了工程院的充分肯定。

图 6.14　2012 年，魏复盛参观庞国芳院士实验室

咨询报告客观分析我国化学物质监测监管的现状，指出了存在的主要问题。在国家的环境保护法、水污染防治法、大气污染防治法、固体废物污染防治法等各种法规中对有害化学品都有涉及，国家的相关部门也制定了石化、化工生产的安全、职业健康防治的法规、条例、标准，各部门就化学品的生产、使用、废弃颁布了有关管理的法规、条例、规章，初步形成了监测监管体系。国务院颁布的《危险化学品安全管理条例》，在一定程度上遏制了化学品生产与污染事故快速增长的势头，但多侧重于生产安全，没有将环境和健康安全同等重要对待。在有害化学物质监管立法理念上对“预防为主、全程监管、源头控制”认识不足。现阶段，我国在有害

化学物质监管上按生产、储存、经营、使用、废弃排放处置等环节，分段管理为主，这种管理既存在管理上的交叉重叠，又存在监管链的脱节与缺位，协调难度大。与欧美发达国家（地区）相比，国家缺乏一部“有害化学物质控制法”这样的综合大法来协调和统领各部门的法规、规章，与我国作为世界第一化工大国的地位不相称。化工、石化是我国的重要基础工业和支柱产业，支撑了国家经济的快速发展，但是化工和石化工业发展相对比较粗放，多以大宗通用化学品生产为主，而高附加值的精细化工产业相对薄弱。部分企业技术和装备落后，产能出现阶段性的过剩。新建化工园区设置存在多、散、乱的状况，企业入园门槛低，造成污染搬家与污染集中的趋势。涉化企业的社会主体责任意识不强，一般未进行化工企业风险责任保险，一旦发生重大污染事件往往是群众遭殃、国家买单。对高风险涉化企业名录及应重点监管化学品名录底数不清，监测监管的重点不突出，风险防患措施不落实，而且全国缺乏相对集中、统一、高效的监管体制与机制，同时也存在监管缺位问题。

在对现状和主要问题作了充分分析的基础上，咨询研究报告提出了六条对策建议。

第一，尽快制定国家“有害化学物质控制”综合大法，进一步完善法律、法规和标准体系。这个体系应包括有害化学品生产、使用、进出口、经营、储存、运输、废弃以及对进入环境的污染物实行无害化管理，使其不对人体健康和生态环境产生有害影响。在现有国务院及各部门法规、规章与标准的基础上，制定一部国家“有害化学物质控制法”，强化我国化学物质风险的预防和全程监控。

第二，建立相对集中、协调、高效的有害化学物质监管体制机制。借鉴发达国家经验，建立由国家授权几个主要部门，分工负责与协调，并由相关部门参与的监管体制，统一对全国化学物质生产和使用的安全、环境与健康危害进行有效监管，以改变目前多部门分段监管、交叉重叠与监管缺位。

第三，加快化工、石化产品产业结构与布局优化调整。建议国家研究制定我国化工行业中长期发展战略，开展安全管理战略研究，全面清理、整顿、撤并化工园区，关停产能过剩和工艺技术落后的化工企业。加快产业结构和布局的优化与调整，实现化学品从通用向通用加高端的产业升级，布局从分散小型化向集群化和规模化提升，大力采用新技术、新设备、改造老企业、建设新企业，实现本质安全，从源头上控制有害化学品的安全风险。

第四，强化涉化企业的社会主体责任意识，建立健全企业风险防范管理制度。建议政府主管部门制定涉化企业的风险等级，高风险企业必须按规定做风险评估、申报登记，定期向政府监管部门和公众提供生产、经营、排放报告。制定并落实严格的安全管理制度及发生事故的应急预案，对企业的违法违规行为要实施法律责任追究与赔偿。为抵御风险，应逐步建立和推行危险化学品生产经营及污染事故的专项安全责任保险。

第五，积极构建有害化学物质监测技术支持体系。建议国家组织环保、农业、卫生、质检部门的相关实验室申请加入经济合作与发展组织的数据互认工作组，建立良好的实验室规范，按全球化学品统一分类和标签制度的标准，对化学品危险性进行测试与评价。加快完善我国化学品的分类、标签和安全说明书制度，使之与国际接轨。加强重点有害化学物质监测新技术、新方法和标准化研究；加大全国重大风险源调查与排查，摸清底数，提出要重点监管的高风险企业和化学品名录；开展预警监测，报警监控，使问题能早发现早解决，降低污染事件的发生率。

图 6.15　2012 年，魏复盛在中国工程院“化学物质监测监管现状、问题及对策研究”结题会上发言（左起：高中琪、魏复盛、曹湘洪、蔡道基）

第六，积极建立有害化学物质共享信息平台和数据库，构建广泛的社会监管与安全预防体系。要公开透明办化工、石化企业，对建厂选址、开工生产、排污达标以及对环境和人体健康影响、化学品危害与防护知识应在政府网站上公布，以便于群众咨询和监督，同时也便于群众获得正确的科学知识。对于涉及重大项目的选址建设，应召开有群众代表和技术专家参加的听证会、论证会，环评结果应在网上公布听取意见，完善防治方案。

这些建议以专项报告的形式呈报国务院，时任副总理张高丽批示有关部门阅研。魏复盛组织课题组向有关部门做了咨询项目研究报告，获得了监督管理部门的认同。

6．关注土壤保护与污染防治

魏复盛是学化学出身的，却与土壤结下了不解之缘。1986年，他受命承担“七五”国家科技攻关环保项目课题“中国土壤环境背景值研究”，任课题组长，经历了五年多的调查研究，对土壤环境的特殊性和复杂性有了全面的认识和分析评价。

土壤环境背景值是指土壤原来固有的化学组成和元素含量水平，但是，当今的人类活动与现代工业发展的影响遍布全球，已经很难找到绝对不受人类活动和污染影响的土壤；同时，不同自然条件下发育的不同土类、同一种土类发育于不同的母质母岩，其土壤的环境背景值也有明显差异，就是在同一地点采集的样品，分析结果也不同。这就说明土壤本身的化学元素含量水平与组成是不均匀的。而且，土壤具有的三个重要的功能更增加了土壤环境的复杂性：土壤肥力供给植物生长发育过程中所需的水分、养分、空气和热量；土壤净化力能将许多有毒有害的污染物质分解转变为无毒物质；土壤自动调节能力，土壤的缓冲性、多孔性和吸附性的综合调节作用使土壤生态系统保持着动态平衡。因此，在魏复盛的研究工作中，相比看得见、摸得着的水污染和嗅得出刺鼻味道的空气污染来说，受污染的土壤隐蔽性、累积性和滞后性的特点，使他对土壤环境污染问题给予了深入、全面及特别的关注。

20 世纪 90 年代初，“中国土壤环境背景值研究”攻关课题结束后，魏复盛在组织编写的《土壤元素的近代分析方法》一书中对土壤环境做了如下简述：土壤是保护环境的重要净化体。在土壤环境容量的范围内，进入到土壤中的大气沉降物质或动植物残体，污水灌溉和污泥的土地处理，固体废物的土地利用以及农药和化肥的使用等，这些污染物质都能被土壤稀释、分解转化或被土壤吸附固定，从而达到净化的目的。但是，如果污染物质进入土壤的数量超过了土壤的环境容量，超过了土壤的自净能力，这就破坏了土壤系统原来的平衡，引起土壤系统的成分结构和功能的变化，导致土壤污染。这样不仅使土壤肥力下降，而且被污染了的土壤还可能成为二次污染源污染大气、水体、生物，进而通过食物链危害人体健康。“中国土壤环境背景值研究”课题取得了一系列重要的科研成果，也由此奠定了魏复盛对土壤环境保护与污染防治并重认识的思想基础。

土壤与水相互作用，可以为土壤中的作物提供生长所需的各种养分和矿物质，而这些作物又为我们人类提供了健康所需的各种营养成分。土壤的厚重和包容，及其自身极富生命力的多元特性，使得人们盲目地认为土壤能够一成不变地吸收无限量的毒素，而事实并非如此。化肥和农药的应用给千百年留传下来的农田耕种方式带来了翻天覆地的变化。化肥催生了作物，农药抑制了害虫的繁殖。于是，人们放弃了传统的有机肥料，对这些新生的化学物质情有独钟。可是，土壤随即便开始丧失了原有的肥力和有机物再生能力。与此同时，经济高速发展过程中工业生产排放的水、气、渣等污染物也最终滞留于土壤中。作为“万物载体”的土壤收纳了这些污染物，但与“水变黑、天变灰”这样肉眼可见的污染相比，土壤污染因有隐蔽性，而很难发现则往往被人们忽视。事实上，随着我国城市化进程的加快，大片的工业用地改造成城市用地，暴露的污染土地离人们的生活是越来越近。

图 6.16　2006 年，国家环保总局召开土壤现状调查及污染防治项目专家咨询会（从左至右：夏家淇、魏复盛、王玉庆、尹改）

对于当时全国土壤污染的情况，据国家环保总局的有关负责人介绍，土壤污染的总体形势相当严峻，已对生态环境、食品安全和农业可持续发展构成威胁。一是土壤污染程度加剧。据不完全调查，目前全国受污染的耕地约有 1.5 亿亩[①]，污水灌溉污染耕地 3 250 万亩，固体废物堆存占地和毁田 200 万亩，合计约占耕地总面积的 1/10，其中多数集中在经济较发达的地区。二是土壤污染危害巨大。据估算，全国每年遭重金属污染的粮食达 1 200 万吨，造成的直接经济损失超过 200 亿元。土壤污染造成有害物质在农作物中积累，并通过食物链进入人体，引发各种疾病，最终危害人体健康。土壤污染直接影响土壤生态系统的结构和功能，最终将对生态安全构成威胁。三是土壤污染防治基础薄弱。当前，全国土壤污染的面积、分布和程度不清，导致防治措施缺乏针对性。防治土壤污染的法律还存在空白，土壤环境标准体系也未形成。资金投入有限，土壤科学研究难以深入进行。有相当一部分

① 1 亩≈667 平方米。

群众和企业对土壤污染的严重性和危害性缺乏认识，土壤污染日趋严重。

图 6.17 魏复盛在云南农业大学院士工作站开设的科学大讲坛上做讲座

土壤是国家最重要的自然资源之一，也是人类赖以生存的物质基础。土壤环境状况不仅直接影响国民经济发展和国土资源环境安全，而且直接关系农产品安全和人体健康。加强土壤环境保护，防治土壤污染，是我国实现可持续发展战略的重要任务，是让人民群众吃上放心食物的根本保障。因此，国家环保总局和国土资源部联合组织有关专家对我国土壤状况进行认真分析，提出了开展全国土壤现状调查及污染防治专项工作的建议。2006 年 5 月 25 日，国家环保总局召开全国土壤现状调查及污染防治项目专家咨询会。会议邀请国内土壤和环境领域的著名专家，对全国土壤现状调查项目方案设计与组织实施提出咨询建议，听取了金鉴明、魏复盛、赵其国[1]、孙铁珩[2]四位院士和骆永明等五位研究员就项目设

① 赵其国，土壤地理学家，1991 年当选为中国科学院学部委员（院士）。

② 孙铁珩，污染生态学、环境工程学专家，2001 年当选为中国工程院院士。

计、管理、组织、实施等方面的意见和建议。近20余年的科研积淀和思索积累，再加上魏复盛对于保护环境对人体健康影响重要性的认识和研究工作中的思考，针对研究领域的相关问题，他从发展的角度提出客观的、建设性意见，提供科学的思路和实施依据。

图6.18　2013年在南京考察座谈（从左至右：蔡道基、魏复盛、吴国平、赵晓军、许人骥）

工程院主席团的一次会议提出，近年来，我国食品安全事件频发，食品安全状况备受关注，应对食品安全开展咨询研究。当时，魏复盛是环境与轻纺工程学部主任，有关食品安全问题由该学部承担。魏复盛深思食品安全问题非常复杂，涉及的部门很多，从何入手才能抓住重点使咨询研究切中要害？食品安全关系到每一个人的健康，因其从农田到餐桌的产业链延伸比较长，涉及的部门、领域和环节较多，需要政府、企业、社会多方面的共同努力。因此，经过一段时间的酝酿，在预调查研究的基础上，2012年工程院正式启动了“中国食品安全现状、问题及对策研究”院部重大咨询项目，旭日干任项目组长，庞国芳（主持）、孙宝国和魏复盛任副组长。项目旨在为切实解决食品安全问题提出深层的理论依据和技术支持，分为六个课题，分别从生态环境、食品原料、病原微生物、风险分析、管理体系、经济环境等角度，系统调研国内外食品安全源头防控、食品原料安全控制技术、食品安全病原微生物防控、食品安全风险评估与风险管理、食品安全管理体系、食品安全与经济发展和国家贸易等。魏复盛和蔡道基院士承担了其中的课题一："农业生态环境污染对食品安全影响与防治研究"，溯源食物生产地——土壤环境污染对食用农产品影响的调研与对策研究。

图 6.19　2013 年，在四川宜宾考察（右起：李泽椿、魏复盛、张懿、梁晓捷）

魏复盛带领的"农业生态环境污染对食品安全影响与防治研究"课题组研究团队由中国环境监测总站、南京环境科学研究所的十多位研究人员组成。课题组在北京、云南、广西、浙江、湖南、江苏、河南等省区市开展大量调查研究，深入现场进行考察，向当地的科技、农业、水利、环保和发改委等各个部门征询意见，收集了丰富的第一手资料。同时查阅了大量的文献，如国外农产品产地的生态环境保护政策、法规和标准与经验等相关资料，并进行了充分的研讨和交流。魏复盛认为，食品安全涉及从“农田到餐桌”的全过程，现在调研的土壤是第一环节。因此，魏复盛带领课题组汇总调研结果，对收集的信息资料进行分析。重点落在两个方面，一是从产地生态环境的现状和农产品质量安全存在的问题，分析了我国农产品产地生态环境污染对食用农产品安全的影响；二是着重进行了农用化学品对农产品安全影响的典型调查。

从调查的情况看，农药和化肥对农业生产和增产起了很大作用，但是不合理地过量使用加剧了农业环境的污染和生态环境质量的退化。根据 2010 年第一次全国污染源普查公报显示，农业源化学需氧量排放占全国排放总量的 43.7%；农业源总磷、总氮分别占全国排放总量的 67.3%和 57.2%，并且农村环境基础设施建设滞后，垃圾、生活污水随意排放，大量畜禽养殖废弃物不能集中还田消纳，致使农业面源污染严重。由于矿山开采、冶炼和化工企业较多，工矿企业周边、城市近郊污水灌溉，交通干线两侧土壤受到重金属、有机物不同程度的污染，致使农产品质量安全受到威胁。尤其是土壤重金属污染问题，由于重金属不会从环境中自然消失，治理难度大，而且已经出现许多比较严重的污染事件，因此局地或局部区域土壤污染是严重的，对食用农产品生产构成威胁。当时，土壤环境污染监管基础薄弱，法律、法规及标准体系不能适应农产品产地管理的需要。使用的土壤环境质量标准是 1995 年颁布实施的，仅采用总量为指标，难以区别其土壤环境是高背景还是有人为污染。全国各地采用同一标准，没有可溶态的污染判断值，无法确定对农产品的安全影响，不能满足土壤污染评价、农产品安全生产及风险管理的需求。对于土壤的环境质量缺乏不同地区和不同功能的分级标准，不利于监督管理、变更土壤利用方式或针对性修复土壤的需要。

由于对土壤环境污染问题的特别关注和对土壤污染特点的清楚认识，随着咨询研究课题的深入进行，魏复盛对于保护我国18亿亩耕地的质量是保障我国粮油菜果茶的产量和质量双重安全的关键以及战略重要性的认识更加深刻。为此，2012年，魏复盛领衔联合中国工程院和中国科学院的22位院士，共同给温家宝总理写了一份题为“有关我国土壤污染防治的几点建议”的报告，主要针对我国土壤污染严重，防治任务紧迫提出建议，尽快启动土壤污染防治的立法工作，对土壤环境质量标准进行修订，在全国建设土壤环境监测网络，开展例行监测监管；对高污染土地（场地）实行风险评价与风险管理以降低健康和生态风险。报告很快得到温家宝总理的批示，其核心内容是我国土地污染严重，防治工作紧迫，不仅影响当代人，还会影响子孙后代的健康，此为22位院士潜心研究和全国调查结果。请环保部牵头，发改、国土、工信、农业、住建、科技、卫计、法治等参加，认真研究制订土壤污染防治规划，推进立法，使土壤污染防治工作得以落实，取得实效。

2012年10月31日，国务院总理温家宝主持召开了国务院常务会议，研究部署了土壤环境保护和综合治理工作。会议指出，按照国务院部署，有关部门历时6年开展了全国土壤污染状况调查。结果表明，全国土壤环境状况必须引起高度重视，工矿业、农业等人为活动是造成土壤污染的主要原因。要将保护土壤环境、防治和减少土壤污染、保障农产品质量安全、建设良好人居环境作为当前和今后一个时期的主要目标，进一步摸清土壤环境质量状况，建立土壤环境质量调查、监测制度，构建土壤环境质量监测网，完善相关政策、法规和标准，实施“土壤环境保护工程”，加快形成国家土壤环境保护体系，逐步改善土壤环境质量。

会议确定五个主要任务，一是严格保护耕地和集中式饮用水水源地土壤环境。确定土壤环境优先保护区域，建立保护档案和评估、考核机制。国家实行“以奖促保”政策，支持工矿污染整治、农业污染源治理。二是加强土壤污染物来源控制。强化农业生产过程环境监管，控制工矿企业污染，加强城镇集中治污设施及周边土壤环境管理。三是严格管控受污染土壤的环境风险。开展受污染耕地土壤环境监测和农产品质量检测，强化污染场地环境监管，建立土壤环境强制调查评估制度。四是开展土壤污染治理与修复。以受污染耕地和污染场地为重点，实施典型区域土壤污染综合治理。五是提升土壤环境监管能力。深化土壤环境基础调查，强化土壤环境保护科技支撑。

图 6.20　2014 年，魏复盛主持中国工程院“土壤环境保护与污染防治战略咨询研究”项目，与蔡道基院士(右二)到宁夏考察

魏复盛在几十年的科研历程中，始终坚持着研究的课题项目要面向国家和人民的需求，尽自己所能为环境保护事业的发展添砖加瓦。2014 年，魏复盛主持了工程院重点战略咨询项目“全国土壤环境保护及污染防治战略咨询研究”。中国环境监测总站、北京林业大学、南京环境科学研究所、中国农业科学研究院等多家单位的 10 位院士、40 多位专家学者参与了项目研究。

他们梳理了我国土壤环境保护与污染防治的现状，对土壤环境的保护和污染防治上存在的主要问题，除了局部和局地土壤污染严重，且变化加速，土壤质量呈下降趋势外，特别指出虽然基本摸清了我国土壤污染的总体情况，但是对人体健康和生态环境具有很大潜在风险和危害的重污染、高风险污染地块的数量、分布、面积、污染类型和程度、风险及危害等缺乏全面了解与掌握。特别是当时，污染场地的治理修复与再开发利用缺乏有效指导与监管，不能及时向社会发布监测调查或风险评估及防护措施信息，容易出现不良反应，引发影响社会稳定的群体事件。

从管理体制上来讲，其短板在于土壤环境保护与污染防治立法严重滞后于大气、水、固废和噪声的污染防治专项立法，由于土壤环境保护专项立法的缺失，使得与之相配套的一系列政策、制度体系（如土壤环境保护规划制度、土壤环境定期调查与监测制度、土壤本底调查制度、农用地严格保护制度、土壤污染风险管控制度、土壤污染责任归属制度、土壤污染治理修复制度和土壤污染防治资金保障制度等）尚未建立或者不完善。在此，魏复盛强调，1995 年颁布的《土壤环境质量标准》是根据“七五”期间土壤背景值的调查来制订的，在过去的 20 年中发挥了重要指导作用，但现在已显示出它的局限性，因没有金属有效态或可溶态的限值，所以不能完全区别所检测的土壤是高背景还是高污染造成的。标准中只规定了单一刚性的污染物（元素）浓度限值，而且是污染物（元素）的总量值，缺乏指导性限值或筛选值，也未制定元素的有效态值，从而忽略了土壤背景值的区域差异性、土壤理化性质和作物品种对土壤元素有效态吸收的差异性等，形成“超标即污染、污染即有害、有害即治理”的简单的土壤污染判断与治理修复的管理模式。另外，也缺乏污染场地治理修复的监测、调查与风险评估标准规范。从专业技术基础上分析，土壤环境保护与污染防治在技术装备、科技支撑能力及专业技术队伍水平等方面与大气和水污染防治相比有很大的差距，特别是在土壤污染基础理论、土壤污染监测与调查技术、治理修复的核心技术等方面的研究严重不足。

图 6.21　2014 年，魏复盛到河南省济源市调研土壤重金属污染及修复情况

参与咨询项目的专家和学者针对调研分析的主要问题，经过交流和研讨，提出了指导性的政策与规划建议：完善土壤环境保护与污染防治的法律、制度和标准体系建设；制定改善土壤环境质量和确保食用农产品安全的政策、措施；进一步规范污染场地治理修复与监管；强化科技支撑，促进土壤保护与污

染防治产业发展；建设国家土壤环境质量监测网络。

魏复盛认为，搞科研一定要有奉献精神，首先考虑这项研究对社会、对人类有什么意义，而不是一心只想着个人能从中得到什么回报。他在主持咨询课题研究的过程中，以服务国家环境保护战略需求为首要任务。他认为土壤环境保护与污染防治要并重，应从政策上和技术上积极推动。政策上应加强相关的法律、制度和标准体系建设，建立土壤保护和污染防治的部际合作机制；技术上加强农业技术推广，对农民种植、施肥、施药进行科学指导；加强土壤污染程度的甄别与风险等级研究；建立全国土壤、粮菜监测网络，开展例行监测和年度评价。魏复盛这些求真务实的看法和观点，包含着他对环境保护事业深深的责任感，也凝聚着他几十年的科研积累和实践经验，力求为国家相关政策的制定起到促进作用。

图 6.22　2015 年，魏复盛参观湖南省农业科学研究院土壤实验室（右为单杨院士）

党中央、国务院高度重视土壤环境保护工作。“十三五”时期，国家及政府相关部门谋方略、定规划，有序推进落实，密集出台了多项政策措施。2016 年 5 月 28 日，国务院发布了《土壤污染防治行动计划》，这是为了切实加强土壤污染防治，逐步改善土壤环境质量而制定的法规。它立足我国国情和发展阶段，着眼经济社会发展全局，以改善土壤环境质量为核心，以保障农产品质量和人居环境安全为出发点，坚持预防为主、保护优先、风险管控，突出重点区域、行业和污染物，实施分类别、分用途、分阶段治理，严控新增污染、逐步减少存量，形成政府主导、企业担责、公众参与、社会监督的土壤污染防治体系。

2016 年 11 月 18 日，国家发展改革委、财政部、国土资源部、环境保护部、水利部、农业部、国家林业局、国家粮食局八部门联合印发《耕地草原河湖休养生息规划（2016—2030》，提出耕地草原河湖休养生息的阶段性目标和政策措施，推动实现农业资源永续利用，维护国家资源和生态安全。

为加强农用地土壤环境保护监督管理，保护农用地土壤环境，管控农用地土壤环境风险，保障农产品质量安全，由环境保护部和农业部联合于 2017 年 9 月 25 日发布了《农用地土壤环境管理办法（试行）》。

2018 年 8 月 31 日，《土壤污染防治法》正式出台，于 2019 年 1 月 1 日起施行。

令魏复盛十分欣慰的是，与他有着不解之缘的土壤环境，开始受到了特别的关注。在这些落地实施的政策法规措施中，他看到了他与众多专家学者几年来在战略咨询课题中一同探讨、反复交流、互相争论的意见和观点；在科学调查研究的基础上所提出的客观而独立的咨询意见，所产生的推动作用和促进意义，鼓励着他为保护土壤环境而继续努力工作。

魏复盛作为专家组组长参与了《土壤环境质量 农用地土壤污染风险管控标准（试行）》和《土壤环境质量 建设用地土壤污染风险管控标准（试行）》这两项标准作为国家环境质量标准的评定审核。他深有体会地说，1995 年发布实施《土壤环境质量标准》以来，社会经济活动有了非常大的变化，这个标准已不能满足当前土壤环境管理的需要了。现在重新制修订的两个标准更加符合我国的现实情况。细化且有针对性是一种风险管控理念，可依据筛选值和管制值的标准对土壤环境进行区别对待，按分类、分区、分级实施监督管理。

魏复盛根据以往课题研究积累的经验，对土壤实施监督管理强调分类、分区、分级的思想很支持。他说，土地利用的目的不同，比如，有农用耕地和建设用地之分；而对于农业用地还会有北方旱地和南方水田之分，客观上就存在区域间的不同；在我国华南和西南地区土壤受重金属污染比较严重，且土壤又偏酸性；这样土壤既有自身特点，还包含了不同的污染特征，但是农用耕地制定的标准是以确保农产品质量安全为主要目标的，虽然多因素且复杂，但可以根据土壤环境质量划分出优先保护类、安全利用类和严格管控类，这就体现了分类管理的思路。建设用地的使用是要保障人居环境安全，以保护人体健康为目标制定标准，因此对城市建设用地也进行分类，一类用地主要是居住用地、公共管理与公共服务用地等；二类用地主要是工业用地、物流仓储用地等。

魏复盛认为，制订风险筛选值和管制值两类限值标准可以用分级管理的概念来理解。农用地土壤中污染物的含量等于或者低于风险筛选值的，对农产品质量安全、农作物生长或土壤生态环境的影响风险低，大约有 80%这类农用地是低风险要重点保护的。土壤中污染物含量超过风险管制值的属于高风险类农用地，原则上要采取禁止种植食用农产品、退耕还林等严格管控措施。污染物含量介于筛选值和管制值之间的农用地土壤，可能存在食用农产品不符合质量安全标准等，属于中风险级。管理上应采取农艺调控、替代种植等安全利用措施，降低农产品超标的风险。建设用地土壤污染风险是指居住或工作的人群长期暴露于有污染的土壤环境中，因慢性毒性效应或致癌效应而对健康产生的不利影响。目前针对需要开发利用的污染场地，环保部门已经发布了《污染场地土壤修复技术导则》《场地环境调查技术导则》《场地环境监测技术导则》《污染场地风险评估技术导则》等多项污染场地系列环保标准，为各地开展场地环境状况调查、风险评估、修复治理提供了技术指导和支持。

2017 年 8 月，环境保护部、财政部、国土资源部、农业部、国家卫计委五部委联合部署启动了土壤污染状况的详查，主要以农用地和重点行业企业用地为重点，有针对性地推进农用地分类管理和建设用地准入管理，实施土壤污染分类别、分用途、分阶段治理，逐步改善土壤环境质量，为管控土壤环境风险、

图 6.23　2020 年，魏复盛（右二）与蔡道基院士（左二）一起在杭州考察污染场地修复现场

保障群众健康奠定基础。魏复盛受聘于此次详查专家咨询委员会的主任，他深谙土壤污染特性及防治和保护要点，认真负责地投入在对调查布点采样、分析测试、质量控制和质量保证及数据处理评价的咨询以及详查成果的评定工作中。

7. 参加战略咨询项目

岁月如梭，时光荏苒。2013 年，魏复盛已过 75 岁，他不顾年迈体衰，依然全力行进在生态环境保护的新征途中。

由中国工程院环境与轻纺学部郝吉明院士牵头的“我国大气 $PM_{2.5}$ 污染防治策略与技术途径研究”重大咨询项目，在环境、农业、能源三个学部下设六个课题，魏复盛承担了第五课题“我国大气 $PM_{2.5}$ 污染的监测网络和方法体系的构建”工作，并任组长。参与课题的清华大学老师对监测技术与污染源排放监测技术体系作主要研究。该课题总结了我国空气 $PM_{2.5}$ 监测网络建设与监测方法、仪器设备购选及运行维护的经验，对我国空气质量的预测预报有积极的推动作用。

2014 年 2 月 26 日，习近平总书记在北京主持召开座谈会发表重要讲话，强调实现京津冀协同发展是优化国家发展区域布局、优化社会生产力空间结构、打造新的经济增长极、形成经济发展新方式的需要，是一个重大国家战略。

为加强对京津冀协同发展工作的统筹指导，2014 年 6 月，中央批准成立京津冀协同发展领导小组。为科学地实施京津冀协同发展战略规划和重大政策，组织了由第十届全国政协副主席徐匡迪院士任专咨委组长，国务院发展研究中心主任李伟、中国工程院原副院长邬贺铨院士任副组长的京津冀协同发展战略咨询委员会。魏复盛被聘为专咨委成员，参加生态环境方面的调研咨询工作，调研空气、水质、土壤和生态方面的科研进展和存在的问题。2014—2018 年，他参加了京津冀三地近百次的调研、考察、研讨。在项目研究中专家们提出的许多咨询意见、重要观点，具有重要的参考价值，并得到中央和各有关部门、地方政府的认可。

图 6.24 2018 年京津冀专咨委在工程院合影（前排右二魏复盛）

结语

平凡而实干的环保人生

魏复盛是新中国培养出来的科学家。他出身于贫寒的农户人家，父母都是文盲，在农田里辛勤耕作，勉强维持着全家的生计。魏复盛自幼酷爱学习，青少年的求学之路可以用心酸困苦来形容，他在村中私塾里接受了读经识字的启蒙教育，到十一岁左右正式入小学三年级，在小学和初中读书时他都十分努力，凭借着过人的勤奋和聪慧，以优异的学习成绩保送上了高中。1959 年，年轻的魏复盛满怀着对学习的渴望，考入中国科大化学系，从此和分析化学结下了不解之缘。魏复盛对自己的评价是：人不聪明，智商平平，唯独做事专注，勤奋努力，信奉笨鸟先飞的道理。就靠着这份执着和倔强，在大学五年的时间里，他的学习成绩年年名列前茅。他以老一辈科学家的教诲为座右铭，以优异的学习成绩，忠厚的做人准则，朴素的生活作风和攻坚克难的钻研态度，于 1964 年大学毕业，留校工作，成为一名大学教师。

人们常说“机会总是属于有准备的人”，不如说“机会总是属于实干的人”，魏复盛以实干和环保结缘，他与中国的环境保护事业共同成长。当我国工业发展所带来的环境问题的端倪呈现在他面前时，他受到了深深的震撼，于是转向环境化学研究。当1973年8月由周恩来总理主持召开第一次全国环境保护大会时，他已经初识环保。从他在马鞍山二铜厂当“炉前工”，到参加讲师团去农村传授讲解测试农田土壤肥力的方法，从在中科院化学所进修学习查阅资料，关注国内外环境污染问题，到在安徽合肥开展水环境调查，魏复盛以他一贯的实干精神，大步走入环境保护领域。但是命运并不对谁特别偏爱，他以隐忍、坚强以及智慧面对艰难，战胜困难。

与搞尖端学科研究的科学家相比，魏复盛离我们最近。近的是他的研究、他的领域都与我们密切相关。1983 年 5 月，魏复盛调入监测总站，先后任分析研究室主任、监测总站副站长、研究员、总工程师。

那时监测总站刚刚组建不久，工作千头万绪，他以多年的基层科研工作经验敏锐地捕捉到建立环境监测标准化是研究工作的重点。1985 年初，魏复盛担任中国监测总站副站长，他有了一个面向全国的平台，他领导并组织了全国各地监测站、科研院所的百余名专业技术人员，按照“水和废水”“空气和废气”“土壤”“固体废物”等环境要素进行监测分析方法的研究、统一验证和标准化，对建立和发展我国的环境监测技术与分析方法体系做出了重要贡献。他脚踏实地、勤奋科研成为夯筑中国环境监测事业大厦的实干家。

与此同时，魏复盛主持、承担、参与了多项科研课题研究。特别值得一提的是，他在参与的“我国酸雨来源、影响及其控制对策研究”中，承担了第一专题“我国酸雨污染现状、分布及化学组成特征的研究”。他和同事研究了降水的布点采样和分析方法，通过验证并使之标准化，从而制定了监测质量保证和质量控制措施，使全国 500 多个站点的监测结果准确可比。第一次搞清了全国酸雨主要分布在长江—淮河以南、秦岭—青藏高原以东的西南、华东、华南地区。研究得出了无可辩驳的结论：中国酸雨的形成是以煤烟型污染，即降水中以硫酸盐污染为主（硫酸根的贡献量超过 90%），而日本等国酸雨主要是机动车尾气污染，即以硝酸盐污染为主，两种污染源截然不同，因此日本等国的“中国污染漂移论”是没有科学依据，站不住脚的。他们的研究结论为后面的“八五”和“九五”两个五年计划期间的全国酸雨形成机制、污染危害及控制对策的深入研究提供了最重要、最基础的科学资料。

魏复盛承担的“中国土壤环境背景值研究”，为保护土壤环境安全，制定土壤质量标准，为绿色食品基地评估与建设，为土壤资源的合理开发利用提供了科学依据。魏复盛使用了当时最灵敏的多种元素测定方法，如仪器中子活化，X-荧光光谱法、等离子体发射光谱法、原子吸收光谱法、原子荧光光谱法、离子色谱法等，准确定量出中国 41 个土类 61 种元素的土壤环境背景值，特别是提出 20 余个稀有分散元素土壤背景值，填补了土壤学上的空白。

这两项科技成果均获得部级科技一等奖和国家科技进步奖二等奖。

魏复盛领导主持的“污染物总量控制监测关键技术研究”是“九五”国家重点科技项目，其在线连续监测仪是该研究项目的必需设备，而当时一套进口的在线连续监测设备动辄数百万元人民币，仅凭那有限的课题经费是远远不够的。他积极想办法，并且顶着巨大的压力，寻找仪器厂商合作，由这些厂商提供仪器条件，再由课题组去进行科研对比实验。就这样，为国家节省了大量仪器设备采购费用。他还设法指导国内仪器设备生产商对引进的仪器消化吸收再创新，开发出符合国内需求的总量控制监测仪器。其成果为以后全国重点工业废水排放、重点工业锅炉窑炉烟尘烟气排放安装和运行在线连续自动监控系统提供了技术支持，还编制了技术规范，促进了总量控制监测仪器系统的国产化。

1997 年，魏复盛根据国际发展趋势率先提出要加强有毒有害化学品污染监测研究，他多次在报刊杂志上著文发出呼吁。“十五”期间他承担的“我国典型区域有毒有机物污染探索、安全评价与控制对策研究”课题，对我国一些重点城市空气和重点河流开展研究，建立了多种分析方法，发现数百种有毒有害有机物不同程度污染，并进行了初步评价研究，对该领域研究起到积极的推动作用。在持续近十年的研究中，他一直秉承着实事求是、客观分析问题的态度，提出要从最基本的工作入手，摸清我国的有机污染物“家底”。在开展调查研究的过程中，他抓住机会，采取请进来、走出去的方式，引进两位关心祖国环境保护事业发展，并长期在美国环境保护局的合同实验室工作既有学术水平又有实际管理经验的留学博士，到国内各地环境监测中心站对基层的环境监测技术人员进行培训。与此同时，在他的建议和促成下，经过两位博士的沟通，分期分批地选派了 20 多位环境监测技术人员到美国康涅狄格州立大学做访问学者，进修学习。这些技术人员开阔了眼界，增强了能力，如今都成了国家或地方环境监测技术骨干和学科带头人。魏复盛就是这样脚踏实地、不图名利、默默地为推动我国的环境有机物污染研究工作的深入开展贡献自己的一份力量。由此，2008 年，他荣获了“消除持久性有机污染物杰出贡献奖”。这一年，他也被媒体评为“改革开放 30 年中国环保人物”。

从 1992 年开始，到 2009 年，魏复盛承担了 4 项中美科技合作有关环境污染与人体健康影响的课题研究。他主持的第一项关于环境污染与人体健康影响的课题——“空气污染对儿童肺功能影响的研究”，对国内外制修订空气质量标准、防治空气污染、保护人体健康具有重要意义。相对于后来在全国重要省市开展的空气颗粒物 $PM_{2.5}$ 监测所产生的大规模讨论和开展的各项研究来说，魏复盛的研究提前了 20 年，由此也启动了他开拓环境监测与人体暴露评价研究的历程。

在鞍山市焦化厂开展的对不同人群暴露多环芳烃进行采样监测与风险评价研究中，采用个体 PM_{10} 采样器和饮食副盘法研究个体多环芳烃日暴露量；在丹东硼矿区开展的“硼污染对男性生殖健康影响的研究”中，采用个人粉尘采样器、饮水和饭菜副盘采样法研究工人及对照人群个体日暴露污染物的剂量监测和评价，以及在云南省曲靖地区（宣威市、富源县）开展的“以医院为基础，女性肺癌对照——PAHs 暴露与易感基因交互影响的研究”中，完成的现场流行病学调查、环境暴露和个体室内外暴露多环芳烃、二氧化硫、氮氧化物颗粒物采样监测，都是以开展对当地的空气、水、土壤环境要素进行监测、对当地人群的环境暴露方式（受试人员的呼吸、饮食、皮肤暴露）及暴露量采集评估、对受试人员生物样品采集和实验室分析、对受影响人群的问卷调查、访谈，以及对收集的问卷和采集的样品数据建立模型进行统计和分析等路径，制定出研究的技术路线图，同时学习借鉴合作方的研究思路和方法，结合我国的实际情况，在研究过程中开创了适合我国环境和人群特点的监测和测试方法及测试仪器，圆满地完成了研究课题，取得的多项成果在国内和国际处于领先水平，并且培养了一大批环境健康领域的专精人才。

魏复盛将科研项目的研究成果用于促进当地的社会发展，帮助政府制定防止环境污染和保护人体健康的政策措施。对硼化工企业生产车间空气污染、饮用水污染，当地企业和政府都采取了防治措施，保护工人和工厂附近居民的健康，他还建议禁止在食品中加入硼酸和硼酸盐作添加剂。对云南宣威地区，魏复盛通过项目研究带领课题组成员深入调查访问，向政府有关部门呈报的调查报告，促进了政府加大资金投入，帮助农民改造生活炉灶、改造生活饮用水水源，建造沼气池，帮助当地农民改变传统生活方式，推进农村合作医疗得到落实，农民大病救治得到多方补助，使当地群众得到了实惠。

1997 年魏复盛当选中国工程院院士；2003 年当选为全国第十届人大常委会委员、环资委委员；2010 年获得了被誉为中国工程科技界最高奖项的“光华工程科技奖”；2017 年获得了首届环境化学终身成就奖。对魏复盛来说，这些荣誉、头衔、光环，虽然是对他工作的认可和褒奖，但是，让他感受更深切的是沉甸甸的责任和使命。从 66 岁开始，魏复盛开启了他环保事业的新征程。他结合自己数十年的研究积累和实践经验，以国家需求和环境保护事业为己任、为重心，用自己的专业性来影响和辅助环境保护法规政策的制定以及监管，尽其所能地为国家环境保护战略咨询提供技术支撑和研究依据。在参与环境战略咨询研究的过程中，魏复盛深深地体会到，保护环境不能就环保论环保，环保离不开经济发展的战略转型，努力实现科技含量高、经济效益好、资源消耗低、环境污染少、人力资源优势得到充分发挥，环境与经济协调发展的和谐社会。

附录

附录一　魏复盛年表

1938 年

农历十一月初九，出生于四川省简阳县踏水乡一个农民家庭。

1948 年

在简阳县踏水乡夏家村读私塾。

1950 年

在简阳县踏水中心小学上学。

1953 年

在简阳三星中学上初中，加入共青团。

1956 年

在简阳县简阳中学上高中，任校学生会主席，兼团委副书记。

1958 年

9 月，到仁寿县参加大炼钢铁运动。

1959 年

4 月，返校补课迎高考。

9 月，考入中国科大地球化学系稀有元素化学专业学习。

1961 年

加入中国共产党。

1964 年

7 月，毕业留校任教。

10 月，到北京市通县黑庄户大队小鲁店小队，参加农村“四清”工作队。

1965 年

8 月，任中国科大助教，赴北京市顺义县牛栏山公社张庄生产大队参加农村“四清”工作队，任工作队副队长。

1966 年

5 月，回校参加“文化大革命”。

1969 年

7 月，赴广西栗木锡矿，厂校科研合作，提炼稀有金属。

1970 年

2 月，随中国科大南迁至安徽合肥，到马鞍山第二钢厂接受工人阶级再教育，当炉前工。

4 月，到铜陵冶炼厂，参与工业废渣有用成分的综合利用监测调查，建立了废渣中锗、砷、铅、钴、镍、铜的监测方法。

8 月，回校准备复课招生。

1973 年

到中国科学院化学所二部（怀柔）学习进修。

1974 年

结束进修返回中国科大，针对环境污染开展汞、砷分析方法研究。

1975 年

参加合肥市董铺水库汞污染调查及合肥市工业废水污染现状调查，参加中国科学院环境污染物分析方法科研协作组，参加卫生部废渣与土壤卫生检疫监测方法科研协作组。

1983 年

2 月，调入中国环境监测总站，任分析研究室主任，开启专职环境监测工作。

负责承担“工业固体废物有害特性鉴别与监测分析方法”研究。

1985 年

任中国环境监测总站业务副站长，兼分析室主任。

负责承担全国降水酸度与化学组成特征调查，为后续的酸雨控制研究提供了重要参考，也为国家后续出台酸雨和二氧化硫污染控制区（两控区）防治政策提供技术支持。

1985—2006 年

组织“水和废水”“空气和废气”监测分析方法科研协作组，出版《水和废水监测分析方法》及《空气和废气监测分析方法》的第三版和第四版。

组织研究环境监测方法标准化格式（科学表达）与科学程序，编制出版一批水质监测标准方法。研究编写出版降水采样、监测分析方法标准。

1986 年

负责承担“中国土壤环境背景值”研究。

1992 年

获国务院特殊津贴。

受环保局委托出任中美环保科技合作项目“空气污染对儿童肺功能影响研究”（后更名为空气污染对呼吸健康影响的研究）组长。

1996 年

兼任中国环境监测总站总工程师。

承担“九五”科技攻关课题“污染物总量控制关键监测技术研究”。

1997 年

当选中国工程院院士。

1999 年

春，因年龄原因不再担任行政职务。

2001 年

作为环保专家向温家宝副总理、全国人大、全国政协作汇报“有毒有害化学品环境污染及环境防治对策建议”。

负责承担环保局科研课题：典型环境区域有毒有害有机污染物探查、安全评价及控制对策研究。

与美国新泽西州立大学合作，在辽宁鞍山焦化厂开展“不同人群多环芳烃暴露剂量监测与评价”研究。

在室内空气污染对健康影响的国际研讨会上作报告。

2002 年

与美国职业健康安全部门（加州大学洛杉矶分校）合作，在我国辽宁丹东硼矿及硼化工区开展“硼污染对男性生殖健康影响”研究。

2003 年

6 月，受聘为北京科技大学教授、博士生导师。

受聘为中国科学院生态研究中心博士生导师。

组织协调云南曲靖市卫生局和市疾病预防控制中心对富源县进行流行病学调查。

当选第十届全国人大代表，全国人大常委会委员，全国人大环境与资源保护委员会委员。

参加固废污染防治法审定，提出放射性源使用与监管分离，“从摇篮到坟墓”的全程监管。

2003—2004 年

参与 POPs 公约的审议和人大批准，有助于提高我国防治能力，获得国际社会的支持，树立中国良好国际形象。

2004 年

受聘为中国环境科学学会副理事长、环境监测专业委员会主任、《中国环境科学》杂志副主编。

受聘为西藏自治区政府科技顾问委员会委员。

任中国工程院农业、轻纺与环境工程学部副主任。

带队到三峡库区及上游四川的宜宾、绵阳考察，向人大提交专题报告，并建议中国工程院设立重大专项进行咨询研究。

领队赴云南曲靖市肺癌高发区实地探访，将情况报告全国人大和云南省人大，得到政府高度重视，对投资改善环境，解决农村医保合作统筹和大病救助起到积极推动作用。

参与制订《反对国家分裂法》、取消农业税及“三河三湖”污染防治检查等活动。

以第一副组长身份（沈国舫任组长）组织 9 位院士及数十位专家开展工程院重大战略咨询项目“三峡库区及其上游水污染防治研究”。

2005 年

主持中国工程院环境健康国际研讨会。

2006 年

5 月，任中国工程院环境与轻纺学部首届主任。

与美国癌症研究所合作，在云南省宣威市和富源县开展“以医院为基础非吸烟妇女 PAHs 暴露与易感基因交互影响研究”。

2007 年

11 月，任国家环境保护科技顾问委员会委员。

2008 年

参加国家自然科学基金委组织的“环境与健康”研讨会。

受聘为中科院生态环境中心环境健康研究室学术委员会主任，江苏省环境与健康重点实验室、环境保护部华南生态环境健康重点实验室学术委员会主任。

参加由徐匡迪牵头承担的国务院交办的咨询项目:《三峡工程论证阶段性评估报告》，负责其中三峡环境保护的评估部分。

参加沈国舫牵头的三峡工程试验性蓄水评估报告咨询，与李文华、李泽椿共同负责环境与生态部分。

参与三峡工程建设质量检查专家组工作。

由于国内发生婴幼儿奶粉三氯氰胺污染等重大食品安全事件，受托开展食品安全现状及存在主要问题的预研究。

2009 年

钱伟长任总主编《21 世纪中国知名科学家学术成就概览》丛书中，受聘为“环境与轻纺工程卷”主编。

提交三峡库区及其上游水污染防治战略咨询研究报告。

2010 年

受聘为第 16 届亚运会环境空气质量保证顾问专家。

组织开展三峡库区生态环境建设与保护问题补充研究。

受时任国务委员刘延东的建议和中国工程院委托，作为组长，和蔡道基、庞国芳、曹湘洪三位院士共同承担重点咨询项目“我国有害化学物质监测监管现状、存在问题及对策咨询研究”。

食品安全现状及存在主要问题的预研究项目转入院部重点课题咨询研究“我国食品安全的现状、问题及控制对策”（由旭日干、庞国芳任组长），与蔡道基院士共同承担第一课题“我国农业生态环境和污染对食品的影响及控制对策研究”。

牵头 22 位院士给温家宝总理写报告，建议推动土壤污染防治工作。

参加郝吉明院士负责的工程院重大咨询项目“中国大气 $PM_{2.5}$ 污染防治策略与技术途径”，承担第五课题，对我国大气 $PM_{2.5}$ 污染监测网络与监测方法体系构建开展研究，提出相应的对策建议。

2012 年

受聘国家环境保护地表水环境有机污染物监测分析重点实验室（江苏省站）和国家环境保护大气有机污染物监测分析重点实验室（沈阳市中心站），任学术委员会主任。

2013 年

受聘为中国科大环境科学与光电技术学院院长，负责监测分析方法技术体系构建。

提出有害化学物质监测监管研究咨询报告，张高丽副总理批示环保部、工信部等部门研酌。

2014 年

受国务院、全国人大常委会委托，参加对三峡工程建设及运行全面验收第三方评估。

与尹伟伦、蔡道基、方智远三位院士共同承担工程院重点咨询项目“土壤环境保护与污染防治战略咨询研究”。

2014—2019 年

参加国务院京津冀统一协调发展专家咨询委员会工作。

2015—2019 年

领导组织环保、农业、国土、中科院监测技术专家开展“土壤环境监测分析方法”研究，出版《土壤环境监测分析方法》。

附录二　主要论著目录及获奖情况

一、主要论文

1. 中国科学技术大学环境保护分析组（魏复盛、汪惠明、詹殿贤）.冷蒸汽原子吸收法测定痕量汞[J]. 中国科学技术大学学报，1975（2）：108-114.

2. 魏复盛，詹殿贤，汪惠明. Fe^{2+}-Phen-SCN-三元体系萃取分光光度法测定痕量铁的研究[J]. 分析化学，1977（2）：159.

3. 魏复盛，詹殿贤，汪惠明. 二乙氨基二硫代甲酸银光度法测定底基和废渣中的砷. 环境科学（参考资料），1979，2：50.

4. 魏复盛，詹殿贤. 铅-5-Cl-PADAP-正已酸盐三元络合物萃取及分光光度测定微量铅的研究[J]. 分析化学，1979（3）：203-206.

5. 沈珊珊，魏复盛，沈乃葵. 用 5-Cl-PADAP 分光光度测定钢铁中微量钴[J]. 理化检验.化学分册，1980，16（4）：35-36，40.

6. 魏复盛，朱玉瑞，沈乃葵. 高灵敏显色剂 5-Br-PADAP[J]. 化学试剂，1980（1）：52-55.

7. Wei Fusheng，Zhu Yurui，Yin Fang. Spectrophotometric Determination of Iron by 2-（5-Bromo-2-pyridylazo）5-diethylamino-phenol[J]. Analytical Letters 14. 1981：241.

8. Wei Fusheng，Zhu Yurui，Yin Fang. Spectrophotometric

Determination of Mercury Using 2-（5-Bromo-2-pyridylazo）-5-diethylaminophenol[J]. Analytical Letters，1980，13（17）：1533-1540.

9. 朱玉瑞，魏复盛，曲培华，等. 分光光度法测定微量铌的研究——用 2-（5′-溴吡啶-2′-偶氮）-5-二乙胺基苯酚作显色剂[J]. 化学学报，1981（5）：461-465.

10. Hen Naikui，Wei Fusheng，Qi Qiping. Extraction and spectrophotometric determination of cadmium based on the formation of a ternary complex with cadion and 1,10-phenanthroline[J]. Analytical Letters，1981，14（19）：1565-1577.

11. Wei Fu-sheng，Liu Yu-qin，Yin Fang，et al. Determination of cyanide by an indirect spectrophotometric method using 5-Br-PADAP[J]. Talanta，1981，28（9）：694-696.

12. Wei Fusheng，Zhu Yurui，Yin Fang，et al. Indirect spectrophotometric determination of sulphide with the ternary complex system Ag（I）-phen-BPR[J]. Talanta，1981，28（11）：853-854.

13. 魏复盛，宋清高，沈乃葵. 用 Fe（II）-5-Br-PADAP 的灵敏显色反应于铝合金中铁的测定[J]. 冶金分析，1982（5）：8-10.

14. Wei Fusheng，Cu，W. C.，Yin Fang. Direct determination of ultra trace manganese in setum by controlled-temperature graphite furnance method of atomic absorption[J]. Analytical Letters，1982，15（8）：721-729.

15. Wei Fusheng，Zhu Yurui，Qu，Peihua，et al. Spectro-photometric determination of microgram amounts of Chromium（VI）and total chromium in waste water，MIKROCHIMICA ACTA，1982（II），67-75.

16. 戚其平，魏复盛，沈乃葵. Me~（n+）-phen-Cadion 三元络合物的萃取及分光光度研究[J]. 化学试剂，1983（5）：269-272.

17. Wei Fusheng，Yang Joy T.，Yin Fang. Determination of trace copper in cord blood serum from new born infants by flameless AAS with aerosol deposition technique，Analytical Letters，1983，16（7）：501-508.

18. 沈乃葵，戚其平，魏复盛. 以银-1,10-菲啰啉-镉试剂三元络合物萃取-光度法测定痕量银[J]. 分析化学，1983（3）：221-223.

19. Wei Fusheng，Yin Fang. Spectrophotometric determination of silver with cadion 2B and triton X-100，Talanta，1983，30（3）：190-192.

20. 魏复盛，陈俭龙，尹方. 用雾化淀积自动进样无焰原子吸收法对饮料中的超痕量镉和铅进行同时测定[J]. 食品科学，1983（10）：39-43.

21. Zhu Yurui，Wei Fusheng，Yin Fang. Indirect spectrophotometric determination of cyanide by means of the colour reaction of silver with cadion 2B in presence of triton X-100[J]. Talanta，1983，30（10）：795.

22. Wei Fusheng，Qi Wenqi. Direct determination of ultra trace nickel in serum by controlled-temperture graphite furnace of atomic absorption spectrophotometry，Analytical Letters，1984，17（B14）.

23. Wei Fusheng，Teng Enjiang，Rui Kuisheng. Dual-wavelenth spectrophotometric determination of trace sulfide in domestic water through its ligand-exchange reaction with silver-cadion 2B-triton X-100，Talanta，1984，31（11）：1024-1026.

24. Wei Fusheng，Han Bai，Shen Naikui. Application of the copper-cadion 2B-triton X-100 system to the spectrophotometric determination of micro-amounts of cyanide in waste water，The Analyst，1984，109（2）：167.

25. 齐文启，魏复盛. 可控高温石墨炉原子吸收法测定人体血清中超痕量锂[J]. 中国科学技术大学学报，1984（S1）：68-73.

26. Yin Fang，Gan Wuer，Wei Fusheng. Zeeman effect electrothermal atomic absorption of arsenic with platinum as a matrix modifier，analytical letters，1985，18（A10）：1245-1250.

27. 魏复盛，滕恩江，李前荣，等. 新镉试剂双波长分光光度法测定 ppb 级痕量镉[J]. 分析化学，1985（10）：762-764.

28. 魏复盛，滕恩江，李前荣，等. 新镉试剂的合成及其与汞显色反应的研究[J]. 化学试剂，1985（3）：155-159.

29. 刘京，刘廷良，魏复盛. 土壤和沉积物中微量钴、镍的萃取原子吸收法测定[J]. 上海环境科学，1986（12）：32-34.

30. 魏复盛，淦五二，尹方. 国产有机微孔滤膜的结构与性能[J]. 中国环境监测，1986（2）：1-5.

31. 魏复盛，芮葵生，吴国平，等. Zeeman 效应原子吸收法测定水中可溶性硫酸盐[J]. 光谱学与光谱分析，1986（2）：68-71.

32. 魏复盛，李浩. Zeeman 效应石墨炉原子吸收测定废水及废渣浸出液中铍，光学与光谱技术，1986，7（6）：23.

33. 齐文启，宋子台，魏复盛. 用无火焰原子吸收法直接测定血清中的痕量 Mn 和 Ni[J]. 中国科学技术大学学报（增刊），1986（12）：89.

34. 芮葵生，滕恩江，魏复盛，等. 废水中银的分光光度法测定——镉试剂 2B 与 Triton X—100 显色体系[J]. 中国环境监测，1987（1）：47-50.

35. 刘京，魏复盛，陈蕴新，等. 空气—乙炔火焰原子吸收分光光度法测定废水中的银[J]. 中国环境监测，1987（1）：43-47.

36. Qi Wenqi，Wei Fu-sheng. Keiichi Furuya，et al. Direct determination of trace lithium in serum by graphite furnace AAS[J]. Bunseki Kagaku，1987，36（7）：416-419.

37. 魏复盛. 建立和完善我国环境监测分析方法体系[J]. 中国环境监测，1987（1）：2.

38. 齐文启，魏复盛. 施用污泥对土壤生态的影响[J]. 环境科学研究，1988（3）：44-54.

39. 刘京，魏复盛. 原子吸收间接测定可溶性硫酸盐的方法评价[J]. 上海环境科学，1988（11）：19-22.

40. 魏复盛. 努力提高我国空气和废气监测技术水平[J]. 中国环境监测，1988（3）：2.

41. 魏复盛，冷文宣，蒋德珍，等. 实验室测试精密度的相关性分析[J]. 环境科学研究，1989（2）：32-35.

42. Wei Fusheng，Wu Zhongxiang，Ten Enjiang. The determination of trace amounts of phosphate in natural water by flow injection fluorimetry，Analytical Letters，1989，22（15）：3081-3090.

43. 魏复盛，钱铁宗，王明霞，等. 降水平均 pH 计算方法的比较研究，中国环境科学，1989，9（6）：466.

44. 魏复盛，王明霞，王瑞斌，等. 我国降水酸度和化学组成的时空分布特征[M]//中国环境科学学会，酸雨文集，北京：中国环境科学出版社，1989：203-207.

45. 芮葵生，滕恩江，蒋德珍，等. 新银盐法测定天然水中超痕量砷的协作实验与评价[J]. 环境科学研究，1989（1）：44-47.

46. Wei Fusheng，Wu Zhongxiang，et al.，The determination of trace amounts of phosphate in natural water by flow injection

fluorimetry，Analytical lett.，1989，22（15）：3081-3090.

47. Wei Fusheng，Liu Tingliang，Teng Enjiang，et al. Extraction-chromatographic separation of Ree and Y by P507 containing resin and their ICP-AES determination in Chinese soil standard samples[J]. Analytical letters，1989，22（3）.

48. 滕恩江，魏复盛，江万权，等. BBDAB 测定水和土壤中微量镍的研究[J]. 上海环境科学，1990（11）：21-23，43.

49. 魏复盛，王惠琪，李頎君，等. 土壤背景值测试质量保证及数据质量评价[J]. 中国环境监测，1990（1）：3-16.

50. 刘京，魏复盛. 萃取-塞曼无火焰原子吸收法测定土壤和沉积物中银[J]. 中国环境监测，1990，6（1）：79-83.

51. Wei Fusheng，Jiang Wanquan，Teng Enjiang，et al. Analytical properties of 4，4′-Biazobenzenediazoaminobenzene and its applications in spectrophotometry[J]. Analytical Letters，1990，23（7）：1181-1190.

52. 魏复盛，王文兴. 大气降水酸度背景值的初步研究[J]. 中国环境科学，1990，10（6）：428.

53. Wei Fusheng，Teng Enjiang，Wu Zhongxiang. Enhancement of the fluorescence of the beryllium—morin complex by non-ionic surfactants[J]. Talanta，1990，37（5）：947.

54. Wei Fusheng，Jiang Wanquan，Teng Enjiang，et al. Analytical Properties of 4,4′-Biazobenzenediazoaminobenzene and its Applications in Spectrophotometry[J]. Analytical Letters，1990，23（7）：1181.

55. 陈立乔，魏复盛. 中国土壤中溴、碘的背景含量[J]. 干旱环境监测，1991（2）：65-69，135.

56. Chen Jingsheng，Wei Fusheng，Zheng Chunjiang，et al. Background concentrations of elements in soils of China[J]. Water，

Air, and Soil Pollution，1991，57：699-712.

57. 陈立乔，魏复盛. 中国土壤 60 种元素共生组合关系的计算机分析[J]. 中国环境监测，1991（4）：1-5.

58. 魏复盛，吴忠祥，滕恩江. 流动注射荧光光度法测定水中 ppb 级挥发性酚[J]. 环境科学研究，1991（3）：33-36.

59. 魏复盛，陈静生，吴燕玉，等. 中国土壤环境背景值研究[J]. 环境科学，1991（4）：12-19，94.

60. 魏复盛，刘廷良，滕恩江，等. 我国土壤中稀土元素背景值特征[J]. 环境科学，1991（5）：78-82，97.

61. 魏复盛，杨国治，蒋德珍，刘志虹，孙本民.中国土壤元素背景值基本统计量及其特征[J]. 中国环境监测，1991（1）：1-6.

62. 魏复盛，滕恩江，陈立乔. 中国及东部地区土壤中铀和钍的背景含量特征[J]. 上海环境科学，1991（11）：37-39.

63. Wei Fusheng，Liu Tingliang，Teng Enjiang，et al. Rare earth element contents and distributions in phospho-calcic soils from Xisha Islands[J]. China Environmental Science，1991，2（2）：127.

64. 魏复盛，景立新，林贻菲，等. 美国新的清洁空气法和空气有毒物质的控制[J]. 环境监测管理与技术，1993（3）：8-10.

65. 江万权，朱玉瑞，金谷，等. 对偶氮苯重氮氨基偶氮苯磺酸分光光度法测定水和土壤中的痕量镍[J]. 分析化学，1994（12）：1259-1262.

66. 魏复盛. 中国环境监测技术的现状及其发展[J]. 分析测试仪器通讯，1994（3）：1-9.

67. 刘砚华，魏复盛. 关于突发性环境污染事故应急监测[J]. 中国环境监测，1995（5）：59-62.

68. 魏复盛. 制订我国 SO_2 质量和排放标准的一些思考[J]. 中国环境监测，1995（4）：22-28.

69. 戴天有，魏复盛，彭清涛，等. 空气和废气中 10 种醛酮污染物的高效液相色谱测定[J]. 环境科学研究，1996（6）：29-33.

70. 刘砚华，魏复盛. 发展我国环境监测技术产业的探讨[J]. 中国环境监测，1997（2）：8-12.

71. 赵淑莉，魏复盛，邹汉法，等. 胶束电动毛细管色谱测定废水中苯胺类化合物[J]. 分析化学，1997（7）：839-843.

72. Zhao Shuli，Wei Fusheng. et al. Determination of arylamine compounds in waste water using solid-phase extraction and reversed-phase high performance liquid chromatography[J]. Journal of liquid chromatography & related technologies，1998，21（5）.

73. Zhao Shuli，Dai Tianyou，Liu Zhen，Wei Fusheng，et al. Determination of lower aliphatic carbonyl compounds in stack gas as their 2,4- dinitrophenylhydrazones by micellar electrokinetic chromatography[J]. Chemosphere，35（10）：2131-2136.

74. 戴天有，魏复盛，谭培功，等. 空气和废气中醛酮污染物的气相色谱测定[J]. 环境化学，1998（3）：293-298.

75. 魏复盛. 提高“两控区”监测能力强化为监督管理服务建立酸雨和二氧化硫污染监测网络意见[J]. 中国环保产业，1998（2）：24-25.

76. 魏复盛. 发展我国环境监测仪器工业的意见[J]. 现代科学仪器，1999（Z1）：3-5.

77. 吴国平，胡伟，滕恩江，等. 我国四城市空气中 $PM_{2.5}$ 和 PM_{10} 的污染水平[J]. 中国环境科学，1999（2）：133-137.

78. Wei Fusheng，Teng Enjiang，Wu Guoping，et al. Ambient concentrations and elemental compositions of PM_{10} and $PM_{2.5}$ in four Chinese cities[J]. Environ. Sci. & Tech.，1999，33（23）：4188-4193.

79. 滕恩江，吴国平，胡伟，等. 环境空气 $PM_{2.5}$ 和 PM_{10} 监测分析质量保证及其评价[J]. 中国环境监测，1999（2）：38-40.

80. Dai Tianyou，Wang Qinhui，Wei Fusheng. Sampling and determination of carbonyls in stack gas[J]. Journal of Environmental Sciences，1999（11），1：48-56.

81. 魏复盛，刘砚华. 研制和发展环境监测仪器的问题和政策[J]. 现代科学仪器，2000（4）：6-7.

82. 魏复盛，胡伟，滕恩江，等. 空气污染与儿童呼吸系统患病率的相关分析[J]. 中国环境科学，2000（3）：220-224.

83. 魏复盛，胡伟. 中国四城市空气污染及其对儿童呼吸系统影响的分析，世界科技研究与发展，2000，22（3）：9-13.

84. 魏复盛，胡伟，吴国平，等. 空气污染与儿童肺功能指标的相关分析[J]. 中国环境科学，2001（5）：2-6.

85. 魏复盛，胡伟，等. 空气污染与儿童肺功能指标的相关分析，中国环境科学，2001，21（5）：385-389.

86. 魏复盛. 有毒有害化学品环境污染及安全防治建议[J]. 中国工程科学，2001（9）：37-40，63.

87. 胡伟，魏复盛，Jim Zhang，等. 两步回归法研究空气污染与儿童呼吸病症率的关系[J]. 中国环境科学，2001（6）：6-10.

88. 段小丽，赵淑莉，戴天有，等. 空气中 PAHs 的优化采样及分析方法研究[J]. 环境科学研究，2003（2）：13-15，42.

89. 段小丽，杨洪彪，张林，等. 尿液中多环芳烃羟基代谢产物分析方法研究[J]. 环境科学研究，2004（3）：62-65.

90. 段小丽，魏复盛，杨洪彪，等. 不同工作环境人群多环芳烃的日暴露总量[J]. 中国环境科学，2004（5）：4-7.

91. 段小丽，魏复盛，等. 不同工作环境人群多环芳烃日暴露总量[J]. 中国环境科学，2004，24（5）：515-518.

92. 胡伟，魏复盛，Zhang Jim. 空气污染与呼吸系统疾病对儿童肺功能的交互影响[J]. 安全与环境学报，2004（6）：22-26.

93. 段小丽，魏复盛，Zhang Jim，等. 用尿中 1-羟基芘评价人体暴露 PAHs 的肺癌风险[J]. 中国环境科学，2005（3）：275-278.

94. 刘平，胡伟，Xun L，等. 硼作业工人精子质量的初步分析[J]. 环境与健康杂志，2005（2）：90-92.

95. 邢小茹，魏复盛，吴国平，等. 硼污染的个人暴露剂量及其代谢的研究[J]. 中国环境科学，2005（3）：271-274.

96. 刘平，王春利，胡俊峰，等. 硼作业工人配偶妊娠结局的初步研究[J]. 中国公共卫生，2005（5）：567-568.

97. 许军，温宏利，魏复盛，等. ICP-MS/ICP-AES 法分析成年男性血清中 18 种元素含量参照值[J]. 广东微量元素科学，2006（4）：17-23.

98. 邢小茹，魏复盛，吴国平，等. 人体硼暴露生物标志物的筛选研究[J]. 环境科学学报，2006（2）：323-330.

99. 邢小茹，魏复盛，等. 尿硼浓度预测人体日硼暴露剂量[J]. 环境科学，2006，27（6）：1208-1211.

100. 刘平，魏复盛. 硼暴露对男性精液质量的影响[J]. 中国环境科学，2006，26（1）：43-47.

101. Xing Xiaoru，Wei Fusheng. Biomarkers of environmental and workplace boron exposure[J]. Journal of Occupational and Enviromental Hygiene，2008，5：141-147.

102. 邢小茹，魏复盛. 中国部分环境保护重点城市集中饮用水源水质评价[J]. 中国环境科学，2008，28（11）：961-967.

103. Wendie A Robbins，Wei Fusheng，David A Elashoff，et al. Y：x sperm ratio in boron-exposed men[J]. Journal of Andrology，2008，29：115-121.

104. 魏复盛，张建辉，何立环，等. 三峡库区水污染防治的关键在源头控制与削减[J]. 中国工程科学，2009，11（2）：4-9.

105. Lv Jungang，Xu Renji，Zhang Qinghua，Liu Jiyan，Liao Chunyang，Wei Fusheng. Primary investigation of the pollution status of polycyclic aromatic hydrocarbons（PAHs） in water and soil of Xuanwei and Fuyuan，Yunnan province，China[J]. Chinese Science Bulletin，2009，54（19）：3528-3535.

106. 张霖琳，魏复盛. 女性肺癌与非癌症人群血浆中 30 种元素的比较分析[J]. 卫生研究，2009，38（1）：28-31.

107. Xu Renji，Xing Xiaoru，Zhou Qunfang，Jiang Guibin，Wei Fusheng. Investigation on boron levels in drinking water sources in China[J]. Environmental Monitoring and Assessment，2010（165）：15-25.

108. 张霖琳，马千里，吴国平，等. 肺癌、癌旁和正常组织中 33 种元素的分布特征[J]. 卫生研究，2010，39（3）：364-367.

109. 朱媛媛，李继华，何俊，等. 焦化工业区居民死因回顾调查[J]. 环境与健康杂志，2014，31（5）：424-429.

二、主要著作

1. 魏复盛组织研究、编辑. 工业固体废物有害特性试验监测分析方法（试行）[M].，1986.

2. 魏复盛，齐文启编著. 原子吸收光谱及在环境分析中的应用，北京：中国环境科学出版社，1988.

3. 魏复盛（主编），寇洪茹、洪水皆（副主编）. 水和废水监测分析方法（第三版）[M]. 北京：中国环境科学出版社，1989.

4. 魏复盛（主编）. 陈静生、吴燕玉、郑春江、蒋德珍（副主编），中国土壤元素背景值[M]. 北京：中国环境科学出版社，1990.

5. 魏复盛等编著. 水和废水监测分析方法指南（上册）[M]. 北京：中国环境科学出版社，1991.

6. 魏复盛组织编译，吴鹏鸣，徐晓白总校. USEPA 固废试验分析评价手册[M]. 北京：中国环境科学出版社，1992.

7. 魏复盛（主编），王惠琪（副主编），土壤元素的近代分析方法[M]. 北京：中国环境科学出版社，1992.

8. 魏复盛，王明霞编译，尹芳译校. 大气固定源的采样和分析[M]. 北京：中国环境科学出版社，1993.

9. 魏复盛编著. 水和废水监测分析方法指南（中册）[M]. 北京：中国环境科学出版社，1994.

10. 王云，魏复盛等编著. 土壤环境元素化学[M]. 北京：中国环境科学出版社，1995.

11. 魏复盛，徐晓白，阎吉昌等编著. 水和废水监测分析方法指南（下册）[M]. 北京：中国环境科学出版社，1997.

12. 魏复盛，R.S.Chapman 等著. 空气污染对呼吸健康影响研究[M]. 北京：中国环境科学出版社，2001.

13. 魏复盛（主编），齐文启（副主编）. 水和废水监测分析方法（第四版）[M]. 北京：中国环境科学出版社，2002.

14. 魏复盛（主编），滕恩江（副主编）. 空气和废气监测分析方法（第四版）[M]. 北京：中国环境科学出版社，2003.

15. 魏复盛（主编），易江、丁中元、吴国平（副主编）. 空气和废气监测分析方法指南（上册）[M]. 北京：中国环境科学出版社，2006.

16. 魏复盛，W.A.Robbins 等著. 硼污染对男性生殖健康的影响[M]. 北京：中国环境科学出版社，2008.

17. 魏复盛，张建辉等编写. 三峡库区及其上游水污染防治战略咨询研究报告[M]. 北京：中国环境科学出版社，2009.

18. 魏复盛（项目组长），蔡道基、庞国芳、曹湘洪（副组长）. 有害化学物质监测管理现状、问题及对策研究（咨询报告）[M]. 北京：中国环境出版社，2013.

19. 魏复盛（主编），王瑞斌、李健军、曲健、王玉平、吴国平（副主编）. 空气和废气监测分析方法指南（下册）[M]. 北京：中国环境科学出版社，2014.

20. 魏复盛（主编），王业耀、张建辉、吴国平（副主编）. 土壤环境监测分析方法[M]. 北京：中国环境科学出版社，2019.

三、获奖情况

1．2018年获中国环境科学学会环境监测终身成就奖

2．2017年获环境化学学会终身成就奖

3．2010年获光华工程科技奖

4．硼污染对男性生殖健康的影响，2009年获环境保护科学技术奖三等奖，证书号：KJ2009-3-15-D01

5．2008年获消除持久性有机污染物杰出贡献奖

6．空气污染对呼吸健康影响的研究，2003年获北京市科学技术奖二等奖

7．污染物总量控制监测系统关键技术研究，2002年获北京市科学技术奖二等奖，证书号：2002环-2-002-01

8．水和废水监测分析方法及指南，1998年获国家环保总局科技进步奖二等奖，证书号：J98069-01

9．中国土壤环境背景值研究，1996年获国家科委科技进步奖二等奖，证书号：16-2-005-01，1993年获国家环保总局科技进步奖一等奖，证书号：93044-1

10．我国酸雨的来源影响及控制对策的研究，1990年获国家科委科技进步奖二等奖，证书号：环2-003-03，1989年获国家环保局科技进步奖一等奖，证书号：89-003-3

11．环境分析新方法开发研究，1989年获国家环保总局科技进步三等奖，证书号：89-006-1

参考文献

[1] 工业固体废物有害特性试验与监测分析方法编写组. 工业固体废物有害特性试验与监测分析方法（试行）. 北京：中国环境科学出版社，1986.

[2] 国家环境保护局，中国环境监测总站. 中国土壤元素背景值. 北京：中国环境科学出版社，1990.

[3] 中国环境监测总站. 土壤元素的近代分析方法. 北京：中国环境科学出版社，1992.

[4] 魏复盛，R.S.Chapman. 空气污染对呼吸健康影响研究. 北京：中国环境科学出版社，2001.

[5] 中国环境监测总站，美国加州大学洛杉矶分校. 硼污染对男性生殖健康影响的研究（内部资料）.

[6] 中国工程院环境委员会. 环境污染对健康的影响——“环境污染与健康”国际研讨会论文集. 北京：中国环境科学出版社，2005.

[7] 《改革开放中的中国环境保护事业 30 年》编委会. 改革开放中的中国环境保护事业 30 年. 北京：中国环境科学出版社，2010.

[8] 中国环境监测总站. 中国环境监测总站三十年. 北京：中国环境科学出版社，2010.

[9] 曲格平. 曲之求索：中国环境保护方略. 北京：中国环境科学出版社，2010.

[10] 段小丽，陶澍，徐东群，等. 多环芳烃污染的人体暴露和健康风险评价方法. 北京：中国环境科学出版社，2011.

[11] 《何兴舟工作感悟》编著委员会. 何兴舟工作感悟——从事空气污

染（室内外）与健康研究工作 50 年记. 北京：中国环境出版社，2015.
[12] 赵英民. 持久性有机污染物履约百科. 北京：中国环境出版社，2016.
[13] 丁中元. 风雨同舟四十年——环境监测侧记（上、下册）. 北京：中国环境出版社，2016.
[14] 《魏复盛文集》编委会. 魏复盛文集. 北京：中国环境出版集团，2019.

编著者的话

本书的编写人员里面没有专业作家，大家都是在魏复盛院士身边长期工作或者与他有长期合作的技术人员，所以直到文稿要出版，大家心中都非常紧张，担心不能把这本传记写好，担心不能给大家讲好魏先生的故事。

魏复盛院士是环境科学与工程领域学术带头人之一，在我国的环境监测体系建设中发挥了重要的奠基作用。他开拓了环境健康领域的工作，为国际合作研究工作提供了经典的范例。在开展科学研究的黄金年龄，他又受命担任全国人大第十届常委会委员，在国家环境保护立法及环境政策的制定及环境战略咨询研究中发挥了重要作用。

他求真务实的工作作风在各个方面都给人留下了深刻印象。为了一个参数，他会亲自到工作现场和同事们一起调查研究；为了弄清一个问题，他会和同事反复核对数据；他会拉着贫苦老乡的手，坐在土屋檐下了解情况；他会拿出翔实的资料，和不同观点的专家耐心商讨。他平易近人，尊重同事，谦虚好学，他说他的一生是平凡实干的环保人生。他力求把每一件事做好做实做准，能经得起时间的检验。把他的故事讲出来，让更多的读者了解他，这种使命感和责任感，是我们编写这本书的最大动力所在。

感谢中国工程院提供这样的机会，并在全书的编著过程中给予的全程指导；感谢中国环境监测总站的领导：陈善荣、吴季友、陈金融、徐琳、王业耀等为本书的出版提供的大力支持；感谢全国各省（区、市）从事环境保护工作的同人们为本书提供的文字和图片资料及宝贵的指导意见。本书各章节分别由丁枚、许人骥、张霖琳、朱擎收集资料，撰写初稿，期间段小丽和刘平对相关章节内容进行了整理核实，最后由丁枚统稿。大家共同做了多次讨论修改，但由于时间久远和编著者水平局限，难免有遗漏和不妥之处，请读者批评指正。在此向各位表示衷心的致意！

2022 年 4 月

本书编写成员与魏复盛合影（左起：张霖琳、魏复盛、许人骥、陈善荣、丁枚、朱擎）